PIANO & TECLADO

Antonio Adolfo

Nº Cat.: PET

Irmãos Vitale Editores Ltda.
vitale.com.br
Rua Raposo Tavares, 85 São Paulo SP
CEP: 04704-110 editora@vitale.com.br Tel.: 11 5081-9499

Editado por Irmãos Vitale Editores Ltda. - São Paulo - Rio de Janeiro - Brasil.
Todos os direitos autorais reservados para todos os países. *All rights reserved*.

```
CIP-BRASIL. CATALOGAÇÃO NA FONTE
SINDICATO NACIONAL DOS EDITORES DE LIVROS, RJ
```

A186p

Adolfo, Antonio, 1947-
Piano e teclado / Antonio Adolfo . - São Paulo : Irmãos Vitale, 2010.
148p.

ISBN 978-85-7407-277-7

1. Instrumentos de teclado - Instrução e estudo.
    I. Título.

10-0332.

CDD: 786
CDU: 780.616.43

26.01.10   28.01.10   017287

Copyright © 1994 Antonio Adolfo
Todos os direitos reservados

Capa:
Bruno Liberati

Foto:
Marluce Balbino

Digitalização e tratamento de imagem:
Márcio Carneiro

Revisão:
Nerval Mendes Gonçalves

Editoração eletrônica:
Júlio César P. de Oliveira e Ricardo Gilly

Editor Responsável:
Almir Chediak

Índice

Introdução 6

Pauta ou pentagrama 12
Grave e agudo 12
As claves 12
Clave de Sol 13
Dó Central 13
Numeração dos dedos 13
Clave de Fá 15
Valores de um e dois tempos (semínima e mínima) 15
    Berimbau 16
    Doce do-si 16
    Dó-Ré-Mi 16
    Dó-Si-Lá 16
Barras de compasso 19
    De dois em dois 19
    Blues 20
Ponto de aumento 21
    Valsa 21
Pausas (descanso) 24
    O nordestino 24
    Mar (Ré) de (Si) 25
    Canto do povo de um lugar 25
Ritornello 26
    Sinfonia nº5 26
Semibreve 29
Pausas 29
    When the saints go marching in 30
    Asa branca 31
    Ensaiando um Blues 33
    Ensaiando uma Guarânia 33
    Assum preto 34
Ritornello (voltando a outro ponto que não o início) 35
    Rock do ferreiro 35
Pentacórdio maior (aspecto técnico) 37
Ginástica para os dedos 37
O pentacórdio Blues (treinamento técnico) 37
Colcheia 38
Casa de primeira vez e casa de segunda vez 40
    O jangadeiro 40
    Dança polonesa 40
    Marcha soldado 42
    Passa, passa, gavião 42
    Blues nº2 46
Anacruse 47

Notas entre parênteses   47
    Desafio   47
    O fazendeiro feliz   48
Sustenido e bemol   49
Ligaduras de expressão   51
    O caipira nordestino   51
    Hino à alegria   51
    Farol da ilha   52
Oitava 2 e oitava 3   54
    Balada arpejada   54
    A banda de metais   55
    Toada   56
    Prelúdio   56
Staccatto   57
    Relembrando J.S. Bach   57
Linhas suplementares   59
Legato   59
    Prelúdio em 3/4   59
    Castanhola   60
    Nostálgica   61
Estilos que usam o padrão *Shuffle*   63
Fermata   63
    Swing, Swing   63
    Lamento Blues   64
Sinais indicadores de oitava acima e oitava abaixo   65
    Valswing   65
Appoggiatura   66
    Coffee Blues   66
Semitom e tom   68
O compasso 𝄵   70
    Boogie-Woogie   70
Aumento da extensão do registro grave   71
    Parabéns pra você   71
Ritmo: Síncope simples   72
    Shy Moon   74
    Águas de Março   75
    Rock progressivo   76
    Balada   77
Aspecto teórico do pentacórdio maior   79
    Dança dos pentacórdios   80
Duas linhas suplementares   81
Bequadro   82
    Passa, passa, passará   83
Metrônomo   84
    Balada das luzes   84
O compasso 𝄵   86
    Chorinho   88
    Astrofolias   89
Aumento da extensão do registro agudo   90

Valsa de Chopin   91
Acalanto   93
Acordes de três sons/tríades maiores e menores   94
Nave 3000   97
Síncopes freqüentemente usadas em compassos C ou ¢   98
O menino perdido   100
Slow Rock   101
Garota de Ipanema   104
Tríade aumentada   105
Dobrado sustenido   105
Tríade diminuta   106
Dobrado bemol   106
Venice   109
Left hand Blues   110
Tercinas   111
Compassos compostos (conceito)   111
Vaivém do mar   114
Estudo em 6/8   115
Tonalidades maiores (escalas)   117
O estudo das escalas maiores   119
Quadro das escalas maiores com seus respectivos dedilhados   120
Mão esquerda tocando na clave de sol   127
Sinal indicativo de arpejo   127
Teletema   127
Tríade com quarta   130
Sinais de indicação de roteiro   131
Anos dourados   131
Semicolcheia   133
Tríades (inversões)   141
Dia de paz   142
Neons   143

Introdução

A falta de material didático na área do piano/teclado - nível iniciante - me fez criar este livro. Desde que comecei a lecionar tenho buscado criar uma didática integral que forneça os elementos necessários para a formação do músico. Há muito tempo estava para escrever *Piano e Teclado* a fim de preencher as lacunas deixadas pela falta de material didático.

Quando tenta-se fazer um levantamento do material existente nessa área, sentimos uma ausência total de informação. Restam-nos os velhos métodos tradicionais que não correspondem a realidade do que necessitamos na área da música popular e do *jazz*, ou então métodos importados que por sua vez são também falhos e incompletos. Hoje em dia, tanto a criança como o adulto querem algo mais compatível com a nossa realidade. Sem aquelas "musiquinhas bobas" dos métodos do passado. Ao mesmo tempo faz-se necessário uma abordagem que leve ao conhecimento dos elementos básicos da música. A leitura musical é muito importante para qualquer estudante, e juntamente com o conhecimento harmônico e estilístico proporciona entrarmos em contato com repertório de diferentes épocas. Quem não gostaria de abrir um Songbook e sair lendo com facilidade músicas conhecidas e descobrir, muitas vezes melodias e harmonias surpreendentes em diferentes estilos?

Piano e Teclado, que é a continuação do livro *Iniciação ao Piano e Teclado*, atua como uma "espinha dorsal", um roteiro básico com várias opções. Fornece informações sobre como usar os teclados eletrônicos *home keyboards*. Dá "dicas" sobre arranjo: introdução, repetições, mudanças de timbre, *fills*, terminações, etc... Fornece também informações sobre dinâmica e fraseado. São mostrados os símbolos usados em música popular, o que facilita a leitura de partituras existentes, além de dar noções básicas de cifragem - Harmonia - e de estilos para "solo" que poderão ser complementados pelo livro *Harmonia e Estilos para Teclado* ou pelo *Livro do Músico*.

Não nos esquecemos da "leitura rítmica" e nem do trabalho de coordenação. Praticamente não existe nada no mercado que vise uma assimilação rápida e direta das células rítmicas, que em música popular e no *jazz* são ricas em síncopes.

Informações teóricas são fornecidas através de conceituação acompanhada de exemplo. Lembretes para os alunos, bem como para os professores são também fornecidos.

Apresento um repertório próprio para acompanhar as diferentes fases desse trabalho. É composto por músicas que criei especialmente para o livro, adaptações de alguns "clássicos", temas do folclore e arranjos feitos para canções de alguns dos nossos maiores compositores, como Antônio Carlos Jobim, Dorival Caymmi, Caetano Veloso, Luis Gonzaga, etc...

Sugiro para cada fase do livro, repertório adicional que servirá como reforço. Competirá ao professor optar ou não pelo repertório adicional que sugeri. Isso deverá depender não só do aproveitamento do aluno, como também de suas características: alunos que se identificam mais com um ou outro estilo. O professor deve optar por repertório tradicional extra, além do que sugerimos, sempre que for necessário. Na fase mais adiantada são sugeridos os Songbooks como repertório adicional, cuja cifragem deverá ser simplificada conforme orientação dada. O professor deverá marcar o dedilhado a fim de facilitar sua execução pelo aluno. Poderão também ser adicionadas outras músicas, quer sejam de caráter erudito, Blues, etc..., ou da "parada de sucessos", do tipo músicas de novelas ou filmes, de algum grupo ou cantor, de algum Songbook, etc... Esse tipo de orientação, inegavelmente, para muitos funcionará como estímulo.

ANTONIO ADOLFO

Aplicação didática

Aspecto teórico:

Cada fase contém explicações sobre assuntos teóricos que deverão servir como guia (referência) para o desenvolvimento do curso. Cada assunto teórico é acompanhado de questionários e exercícios muito importantes e que consistem dos seguintes tópicos: topografia do teclado, cópia, treinamento com leitura de notas, reconhecimento de intervalos, formação e identificação de pentacórdios e de acordes, treinamento com leitura rítmica, criação de ritmo e substituição de compassos. Exercícios adicionais deverão ser criados pelo professor, sempre que se fizerem necessários.

Aspecto técnico:

São sugeridos em diferentes fases do estudo, os seguintes treinamentos:

- posição no teclado (mãos, braços, ombros e postura);
- dedilhado (cedo nos desvencilhamos da relação: polegar/dó central);
- "Pentacórdio blues": exercícios para articulação e fortalecimento dos dedos;
- trabalho de coordenação rítmica (muito importante em música popular);
- passagem do polegar sob o indicador e dedo médio;
- passagem do indicador, do dedo médio e até do quarto dedo sobre o polegar;
- deslocamento da posição da mão;
- *legato, stacatto, acento, crescendos, diminuindos*, etc...;
- fraseado;
- melodia tocada por cada uma das mãos;
- melodia tocada pelas duas mãos simultaneamente;
- treinamento com *appoggiatura*;
- desenvolvimento da velocidade;
- escalas maiores.

Aspecto criativo:

O aluno é incentivado desde cedo a criar seus próprios arranjos através de:

- sugestões apresentadas quanto a seqüência das partes musicais (repetições, introduções, finais, etc...);
- uso de diferentes timbres dos teclados (no caso de o aluno possuir um teclado eletrônico);
- uso de recursos dos teclados que possuem bateria eletrônica (*intro, fills, ending, fingered* - acompanhamento automático, etc...);
- utilização dos recursos da cifragem, que possibilitam diferentes interpretações;
- criação rítmica (a qual deverá, depois, ser lida pelo próprio aluno).

Enumeramos a seguir os aspectos que deverão ser exigidos do aluno:

1) postura correta;
2) respeito ao dedilhado (caso seja necessário, o professor poderá sugerir outros dedilhados);
3) precisão rítmica;
4) assíduo trabalho de casa;
5) leitura de notas e leitura rítmica rápidas e corretas;
6) exercícios teóricos, incluindo os questionários;
7) treinamento técnico constante.

Enumeramos a seguir os aspectos que deverão ser incentivados:

1) criatividade nos arranjos;
2) composição;
3) improvisação;
4) percepção;
5) ecletismo no gosto (apreciação e respeito por diferentes estilos);
6) memorização.

Sugestões adicionais:

O treinamento para articulação e fortalecimento dos dedos (Pentacórdio Blues), bem como o treinamento para se atingir velocidade (escalas maiores), deverão fazer parte do estudo diário do aluno desde o momento em que os mesmos forem apresentados no livro até o final do curso.
Não devemos interromper treinamentos com leitura rítmica e com leitura de notas. Exercícios teóricos deverão ser feitos. Questionários deverão ser respondidos. O professor deverá criar exercícios semelhantes sempre que achar necessário. Assuntos teóricos que apresentamos somente uma ou algumas vezes deverão ser lembrados de vez em quando: semínima é igual a..., *rallentandos*, *crescendos*, volta ao 𝄋, *stacattos*, *acentos*, dobrado sustenido e dobrado bemol, compasso composto, etc...

A apresentação dos assuntos teóricos poderá sofrer pequenas variações em relação a seqüência que apresentamos:

- antecipar o estudo das tríades maiores e menores para que o aluno comece a trabalhar com repertório cifrado. Em todo caso isso não deverá ocorrer antes de o aluno estar apto a ler colcheias. Não se esqueça de iniciar o estudo dos acordes com Pentacórdio maior - não confundir com Pentacórdio Blues, que é treinamento técnico. Canções com leitura melódica e rítmica mais fáceis e acompanhadas de cifragem deverão ser inseridas (Existem alunos que preferem o acompanhamento ao invés de solo).
- antecipar o estudo das tonalidades maiores e suas armaduras. No entanto não é recomendável antecipar o treinamento técnico das escalas maiores.
- retardar um pouco o estudo do capítulo "Estilos que usam o padrão *shuffle*".

Nota - A cifragem adicionada às músicas anteriores ao capítulo **tríades** é para ser usada pelo professor. Caso o aluno já saiba como utilizar, poderá, então, a critério do professor, fazer uso dos acordes cifrados.

- o estudo das escalas maiores deverá ser intercalado com outros assuntos posteriores. Não convém trabalhar com diversas escalas ao mesmo tempo. Uma tonalidade - bem estudada - por semana, é suficiente.
- o "treinamento adicional com leitura rítmica" deverá também ser intercalado com outros assuntos do final do livro.
- como colocamos anteriormente, sugiro em certos casos, a inserção de repertório adicional sempre que o professor achar necessário; não só o repertório sugerido no livro, mas também algum outro conveniente. Convém observar qual repertório se adequa melhor a qual aluno.

Piano e Teclado pode ser ministrado em menor ou maior tempo. Isso dependerá de alguns fatores como *por exemplo*: faixa etária, assiduidade e empenho do aluno. Sugiro como duração ideal incluindo-se as inserções de repertório, os seguintes prazos: para crianças (faixa etária a partir de sete ou oito anos), duração de três a quatro anos, não nos esquecendo de que a quantidade de repertório adicional poderá ser bem maior do que a que sugerimos. Para adolescentes e adultos deverá ter duração de um a dois anos, combinando, a partir do momento em que estudamos as tríades, este método com o *Livro do músico* ou ainda, com o mais completo, *Harmonia e Estilos para Teclado* do mesmo autor.

Deverá servir como preparação para o estudo de harmonia e estilos, bem como para um estudo técnico mais aprofundado de piano ou teclado.

Enfim, espero que a utilização deste método orientado contribua de alguma maneira para o desenvolvimento musical dos estudantes de música.

Teclados
(comentários sobre o funcionamento básico dos teclados)

Antes de escrevermos sobre o funcionamento básico dos teclados eletrônicos *home keyboards*, é importante considerarmos alguns aspectos.
Existem no mercado diversos teclados de fabricantes diferentes, sendo os mais famosos, CASIO e YAMAHA. Os teclados diferem entre si em vários aspectos como: capacidade de memória, timbres e ritmos pré-gravados, tamanho das teclas, possibilidade de gravação e/ou sequenciamento, interface, acessórios, etc... Não é nossa intenção aqui indicar o modelo ideal, pois além de atualmente ocorrer uma renovação constante dos modelos, há o fator "poder aquisitivo" de cada um.
Porém podemos determinar o que seria o "mínimo ideal" em termos de potencialidade dos modelos existentes para que o aluno possa acompanhar nosso curso.
Não nos compete tampouco ensinar como funcionam esse ou aquele teclado, já que os "manuais" de cada modelo o fazem. Existem também cursos que atendem a esse tipo de necessidade. Daremos, porém, um enfoque geral sobre o funcionamento básico dos *home keyboards* no que diz respeito a sua utilização como fator enriquecedor na interpretação musical do estudante que acompanha nosso curso. Não nos esqueçamos, porém, de que o piano dá uma base técnica bem superior, se comparado ao teclado eletrônico. Devemos, portanto, incentivar seu estudo.

O teclado ideal

Partindo do príncipio de que o "poder aquisitivo" e as facilidades de acesso a tecnologia importada variam de indivíduo para indivíduo, sugerimos o que seria o ideal para o acompanhamento de nosso curso.

1) Extensão do teclado: que seja de, no mínimo, quatro oitavas (48 teclas).

2) Tamanho das teclas: correspondente ao tamanho das teclas do piano ou orgão já que as teclas pequenas só são aconselháveis para crianças de até 9 anos de idade.

3) Instrumento polifônico: ou seja, que no mínimo oito notas possam ser tocadas e ouvidas simultâneamente.

4) Timbres (*preset tones*): o instrumento precisa apresentar timbres de no mínimo oito instrumentos diferentes, como por exemplo piano, orgão, guitarra, flauta, sintetizador, trompete, etc...

5) Ritmos (*auto rhythm*): deverá conter no mínimo oito diferentes estilos como por exemplo Rock, Disco, Swing, Slow rock, March, etc...

6) Acompanhamento automático: que possibilite o uso do *fingered* (acompanhamento rítmico automático ao tocarmos os acordes).

7) Fonte elétrica (*AC power source*): os teclados que não possuem fonte elétrica nos obrigam a usar pilhas (batteries) que normalmente têm curta duração.

8) Saída (*output*) para fones de ouvido: é muito conveniente, pois com o uso dos fones de ouvido poderemos tocar a qualquer hora do dia ou da noite sem "incomodar" os outros.

9) Indicador das batidas de tempo: dispositivo que faz acender uma luzinha no primeiro tempo de cada compasso quando o ritmo é acionado, propiciando ao aluno facilidade de localização rítmica.

10) Afinador (*tuner*): dispositivo que permite afinação microtonal do teclado, possibilitando perfeita afinação com outro instrumento que possa estar sendo tocado simultaneamente.

11) Tecla *Intro/Fill*: possibilita primeiramente ouvirmos um compasso inteiro de contagem de tempo antes do ritmo acionado. A tecla (*Intro/Fill*) possibilita também variação rítmica conhecida como "virada" muito usada nos compassos de preparação (passagem de uma parte para outra de uma música).

12) Tecla *Start/Stop*: possibilita dar o *start* (acionar) no ritmo, bem como interrompê-lo (*stop*) a qualquer momento.

13) Tecla *Synchro/Ending*: possibilita não só dispararmos o ritmo sincronizado com a primeira nota tocada (*synchro start*), mas também finalizar o acompanhamento rítmico no final da música, exatamente no final do último compasso (*ending*).

14) Controles de velocidade do andamento (*tempo control*): permitem regular o andamento (velocidade) do ritmo.

15) Controles de volume independentes: possibilitam uma mixagem onde a melodia possa ser realçada.

PAUTA OU PENTAGRAMA

Pauta é o conjunto de cinco linhas e quatro espaços, usado para se escrever música. Na pauta determinamos alturas (agudo e grave), durações e intensidade.

GRAVE E AGUDO

No teclado, as notas mais agudas são as que estão a nossa direita. Conforme nos encaminhamos para a direita, mais para o agudo estamos indo. Conforme tocamos notas que se encaminham mais e mais para a esquerda, mais para a região grave estamos indo.

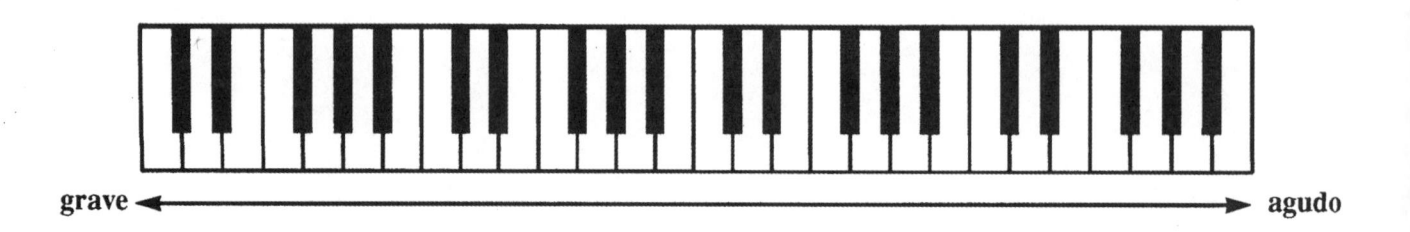

AS CLAVES

As claves dão nome às notas musicais. Uma só pauta não seria suficiente para todas as notas. Por isso, temos claves para diferentes regiões (alturas). As claves são normalmente colocadas no início da pauta, para sabermos os nomes das notas.

Para instrumentos de teclado como, por exemplo, o piano, usamos duas claves: uma para a região aguda e outra para a região grave. Por isso, para os instrumentos de teclado, somos obrigados a ler nas duas claves ao mesmo tempo e, por conseguinte, usamos também duas pautas.

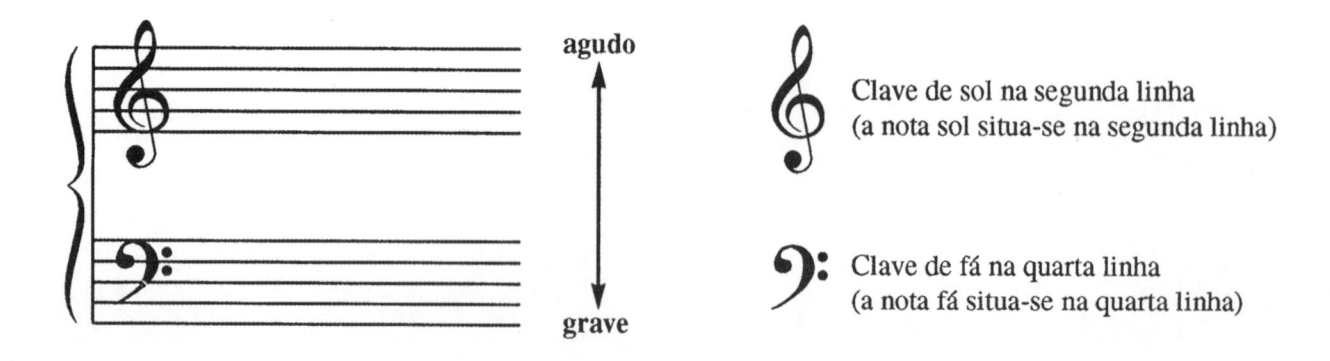

Clave de sol na segunda linha
(a nota sol situa-se na segunda linha)

Clave de fá na quarta linha
(a nota fá situa-se na quarta linha)

CLAVE DE SOL

Temos a Clave de sol, que é usada para as notas mais agudas. As notas mais agudas são normalmente tocadas pela mão direita.

A clave que veremos a seguir chama-se "Clave de sol na segunda linha". Isso quer dizer que a nota situada na segunda linha será a nota *sol*. Conforme formos descendo pelos espaços e linhas em direção à "região grave", vamos encontrando as outras notas.

Eis a Clave de sol, com algumas notas musicais e seus respectivos nomes:

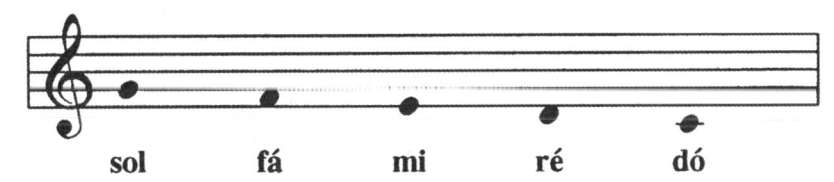

sol   fá   mi   ré   dó

DÓ CENTRAL

Chamamos de *dó central* a nota *dó* situada no centro do teclado.

Começaremos, no teclado, tocando somente as notas *dó* e *ré*.

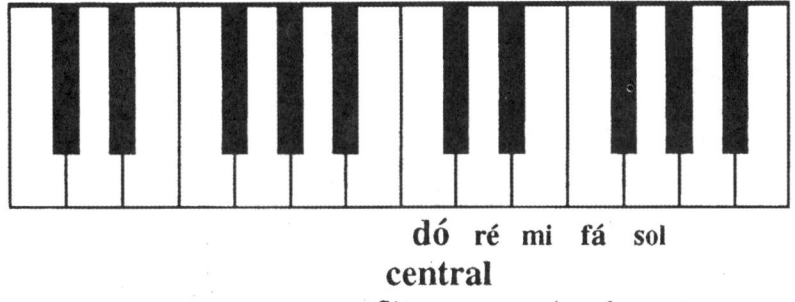

dó ré mi fá sol
central
Situa-se aproximadamente no centro do teclado.

NUMERAÇÃO DOS DEDOS

É importante aqui, informar ao aluno a numeração dos dedos:

dedo 1: polegar
dedo 2: indicador
dedo 3: médio
dedo 4: anelar
dedo 5: mínimo

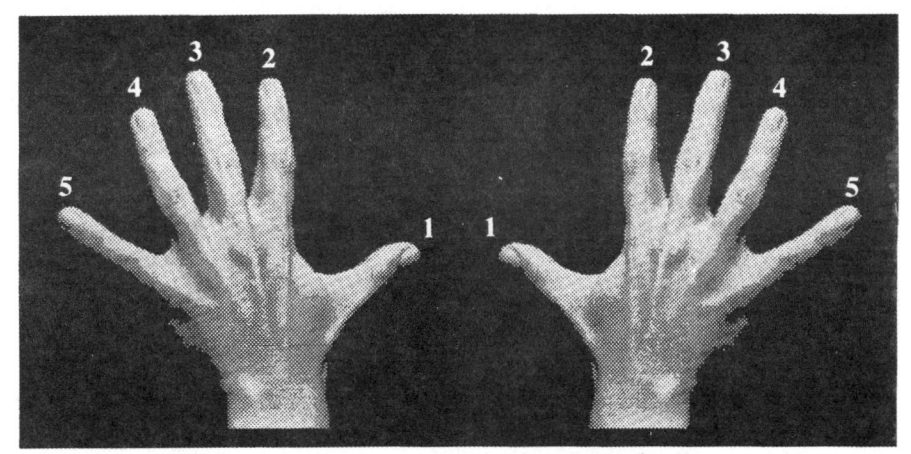

mão esquerda   *mão direita*

A nota *dó* deverá ser tocada com o polegar (dedo 1), e a nota *ré*, com o indicador (dedo 2); ambos da mão direita.

Vamos tocar?

Posicione a sua mão formando um arco natural, de modo que o polegar fique quase alinhado com o indicador, conforme a figura que mostramos, e toque alternadamente uma e outra nota (*dó* e *ré*) com os dedos 1 e 2, respectivamente. O braço e a mão, bem como o ombro, deverão estar relaxados. O aluno deverá estar sentado confortavelmente, mas com a coluna ereta. A distância entre o corpo e o teclado deverá ser de modo a não haver nenhuma *contração*. Observe as figuras.

figura 1

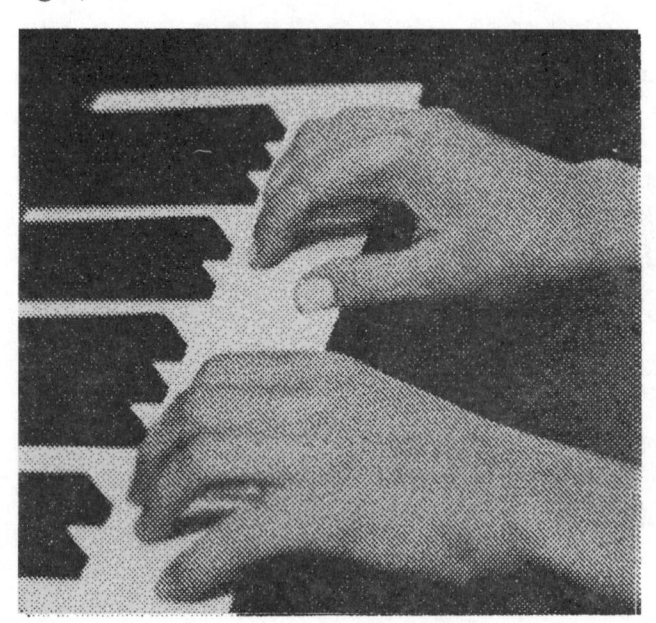

figura 2

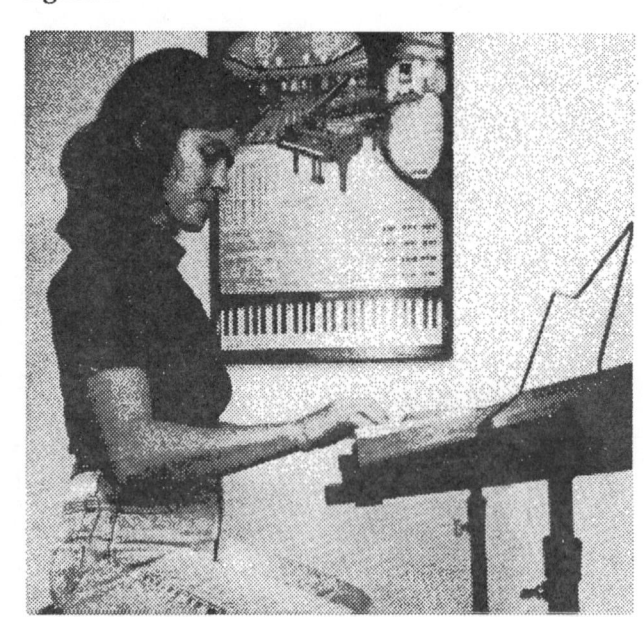

Toque (mão direita):

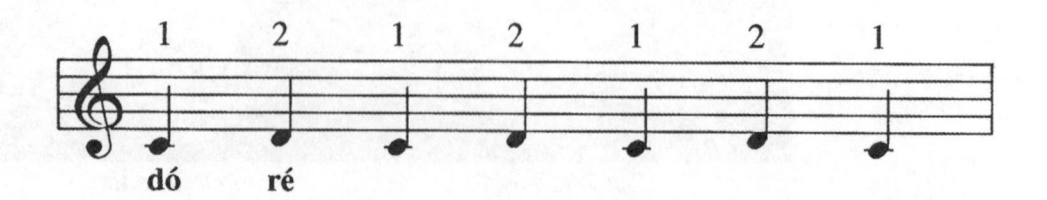

CLAVE DE FÁ

A Clave de fá é usada para as notas mais graves, geralmente tocadas pela mão esquerda. A Clave de fá na quarta linha, dá nome às notas a partir do fá:

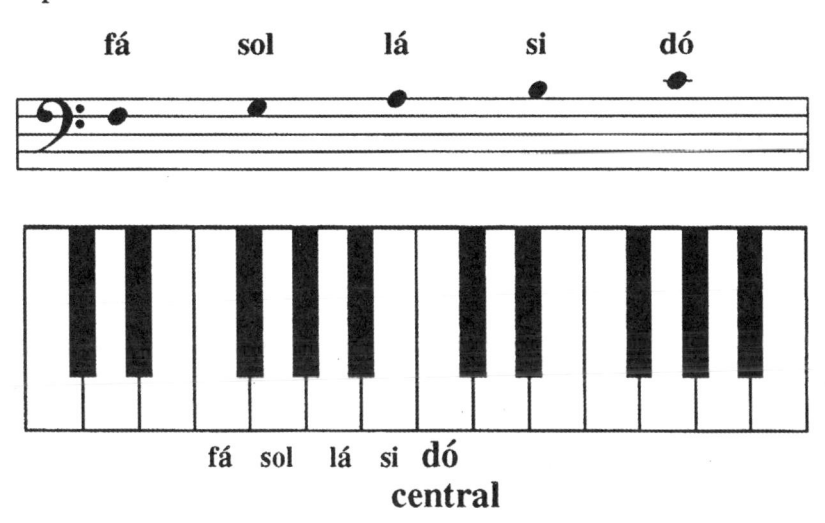

Agora que já conhecemos notas na Clave de fá, podemos tocar o seguinte trecho:

VALORES DE UM E DOIS TEMPOS (SEMÍNIMA E MÍNIMA)

As durações das notas são representados por figuras rítmicas. Consideremos, por enquanto, como valor de um tempo a semínima e como valor de dois tempos a mínima.

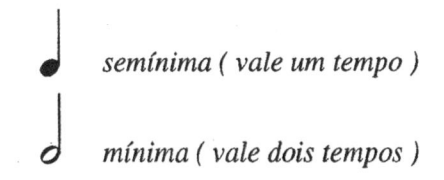

semínima (vale um tempo)

mínima (vale dois tempos)

Mais tarde, veremos que essas figuras podem ter durações diferentes. A mínima, porém, sempre valerá o dobro da semínima e vice-versa.

Toque, com batidas de tempo exatas, as músicas que apresentaremos a seguir:

Nota- as batidas de tempo deverão ser marcadas pelo professor. Posteriormente o aluno poderá utilizar metrônomo, bateria eletrônica ou o próprio pé, como apoio rítmico.

Nota- o aluno poderá tocar repetidas vezes para ter maior desembaraço com as pequenas músicas que apresentaremos a seguir.

Música para a mão direita:

BERIMBAU
A. Adolfo

Música para a mão esquerda:

DOCE DO-SI
A. Adolfo

Mão direita:

DÓ-RÉ-MI
A. Adolfo

Mão esquerda:

DÓ-SI-LÁ
A. Adolfo

☐ Treinamento com leitura de notas

Escrever o nome de cada nota (atenção às claves!).

sol

☐ Treinamento com leitura rítmica

Tocar, com a mão direita, o ritmo apresentado abaixo (escolha uma nota qualquer).

☐ Copiar

Preencha toda a pauta com claves de sol :

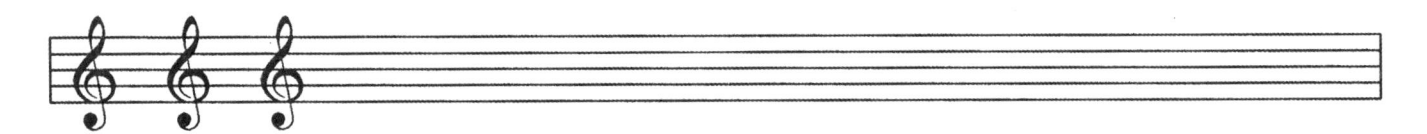

Preencha toda a pauta com claves de fá :

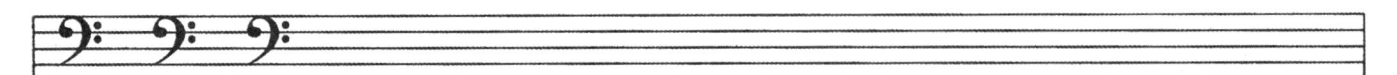

Copie as seguintes notas :

1)

2)

☐ Questionário nº 1

1) Como é formada a pauta musical? Quantas linhas e quantos espaços?

2) À nossa direita no teclado temos os sons....................

   À nossa esquerda no teclado temos os sons....................

3) Para que servem as claves?

4) Qual é a clave usada para a região mais aguda? Desenhe.

5) Qual é a clave usada para a região mais grave? Desenhe.

6) Onde fica situado o *dó central*? Mostre no teclado.

7) Dedilhado (numeração):

   o dedo polegar corresponde ao número ......

   o dedo indicador corresponde ao número ......

   o dedo médio corresponde ao número ......

   o dedo anelar corresponde ao número ......

   o dedo mínimo corresponde ao número ......

8) Quantos tempos vale a mínima? Desenhe uma mínima.

9) Quantos tempos vale a semínima? Desenhe uma semínima.

BARRAS DE COMPASSO

Podemos dividir o ritmo musical por meio de linhas verticais, chamadas barras de compasso. Elas podem dividir em dois, três ou quatro tempos. Mais tarde veremos que podemos dividir os tempos com contagens diferentes.

$\frac{2}{\downarrow}$ ou $\frac{2}{4}$ *(dois tempos)* $\frac{3}{\downarrow}$ ou $\frac{3}{4}$ *(três tempos)* $\frac{4}{\downarrow}$ ou $\frac{4}{4}$ *(quatro tempos)*

Nota para o professor - Na música que apresentaremos a seguir, só utilizar bateria eletrônica se o aluno puder acompanhar o rimo com facilidade. Nesse caso, deverá usar andamento no qual o aluno se sinta confortável. Adiante teremos mais oportunidades para esse tipo de trabalho.
Não utilizar *syncro start,* por enquanto.

DE DOIS EM DOIS

A. Adolfo

Ritmo sugerido : Rock

Nota - Normalmente, nas baterias eletrônicas, o primeiro tempo é marcado pelo piscar de uma luzinha no próprio painel. Caso o seu teclado não possua esse dispositivo, acostume-se a perceber a pulsação do Rock: o primeiro tempo é menos acentuado, o segundo, mais acentuado, o terceiro, menos e o quarto também forte.

☐ Ditado

Professor toca diferentes notas no teclado. O aluno ouve, vê e escreve na pauta.

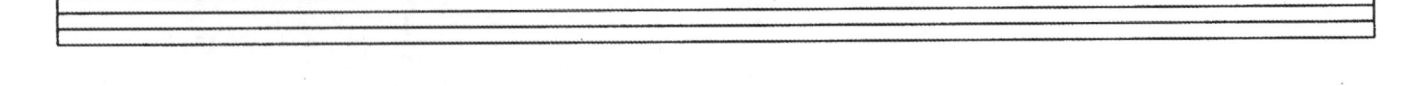

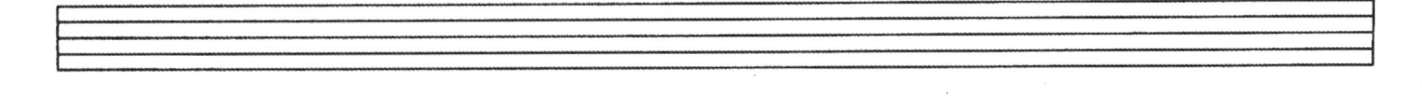

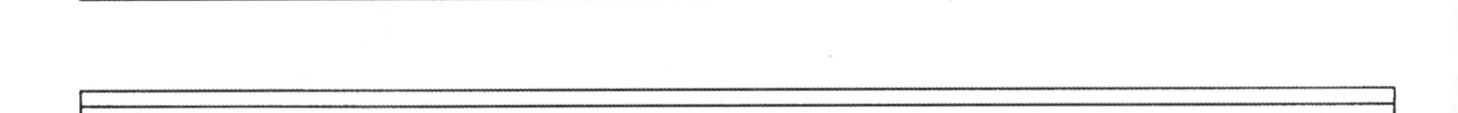

BLUES

A. Adolfo

Ritmo sugerido: Swing (andamento compatível com o desempenho do aluno).

REPERTÓRIO ADICIONAL: *Slumber Boat* (Leila Fletcher, vol. 1).

Nota para o professor - não é producente para o aluno acostumar-se a escrever por extenso os nomes das notas. No entanto, para os alunos com maior grau de dificuldade, isso será permitido provisoriamente.
Quanto à bateria eletrônica, só deverá ser usada quando o aluno for capaz de tocar uma peça musical com relativa precisão (elemento muito importante na música popular).

PONTO DE AUMENTO

Um ponto colocado do lado direito de uma nota faz aumentar a duração desta em metade do seu valor. Uma mínima pontuada vale, portanto, três tempos.

$$\text{𝅗𝅥.} = 3 \text{ tempos}$$

Nota - Se a nota estiver escrita na linha, o ponto deverá situar-se no espaço imediatamente acima.

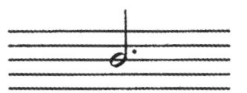

Nota para o professor - para a próxima música, colocar ritmo de valsa no teclado, compatível com o andamento tocado pelo aluno.

VALSA

A. Adolfo

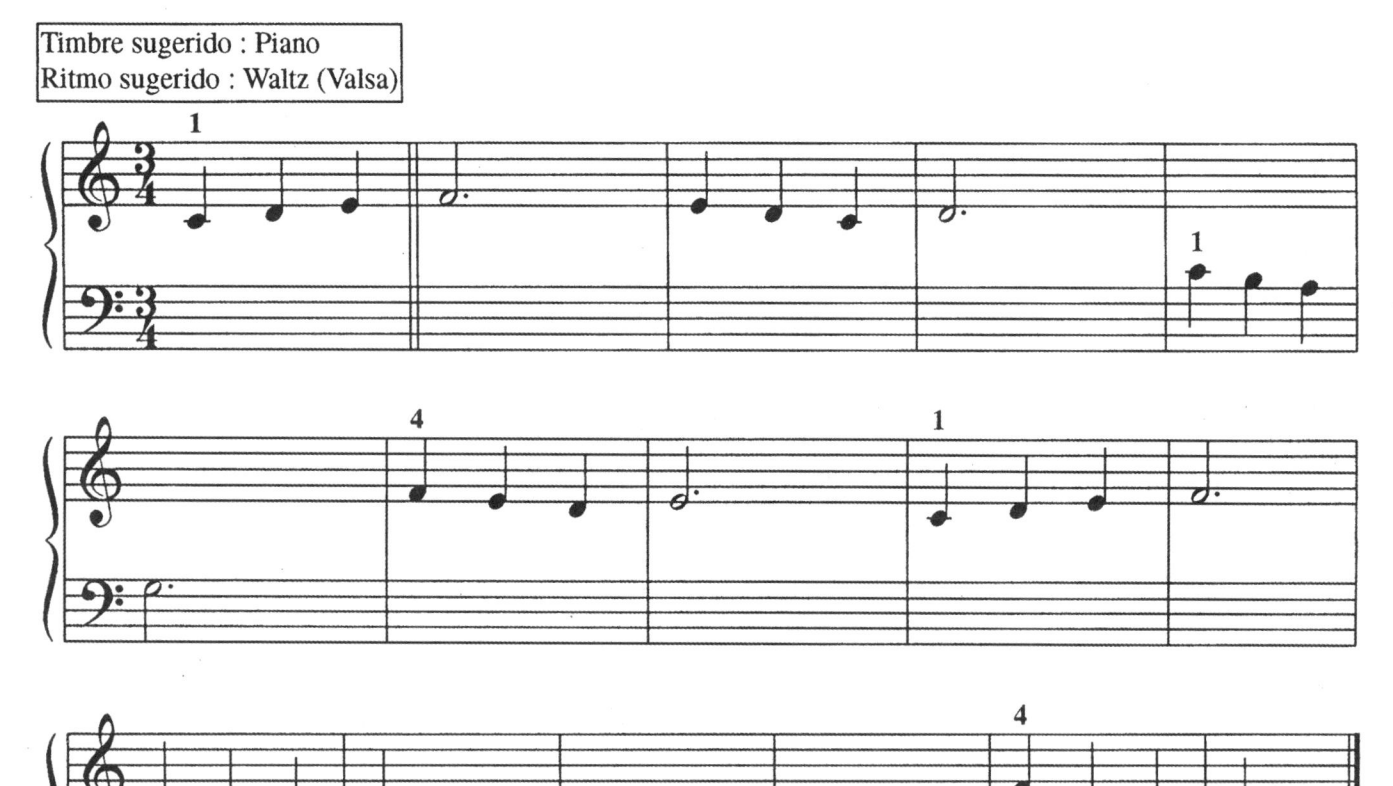

Timbre sugerido : Piano
Ritmo sugerido : Waltz (Valsa)

Nota - Na bateria eletrônica dos teclados, muitas vezes a primeira batida de tempo de Valsa tem acento mais fraco do que a segunda e a terceira batidas, que são mais acentuadas. Se o seu teclado tiver um dispositivo que faz acender uma luzinha no primeiro tempo de cada compasso, isso ajudará.

Observe bem o ritmo de Valsa, para conferir quais são os tempos mais acentuados e quais os tempos menos acentuados.

☐ Treinamento com leitura de notas

Escrever os nomes das notas (atenção às claves):

☐ Copiar

Preencha a pauta, copiando mínimas pontuadas, alternando notas situadas nos espaços e notas situadas nas linhas. Use hastes para cima e para baixo, seguindo o procedimento dado anteriormente.

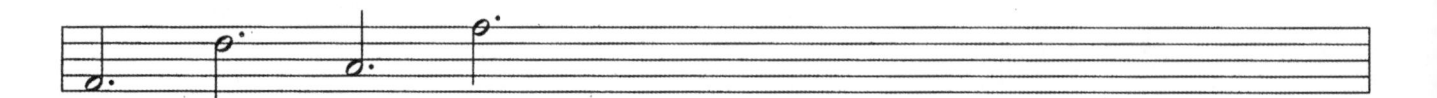

☐ Treinamento com leitura rítmica

Escolha uma nota no teclado e toque os seguintes ritmos:

Nota - normalmente, notas escritas da metade da pauta para baixo, são escritas com haste para cima e notas da metade da pauta para cima, são escritas com haste para baixo. Nesses exercícios de leitura rítmica, porém, escrevemos as hastes de forma variada, pois a altura das notas não é importante e sim o ritmo.

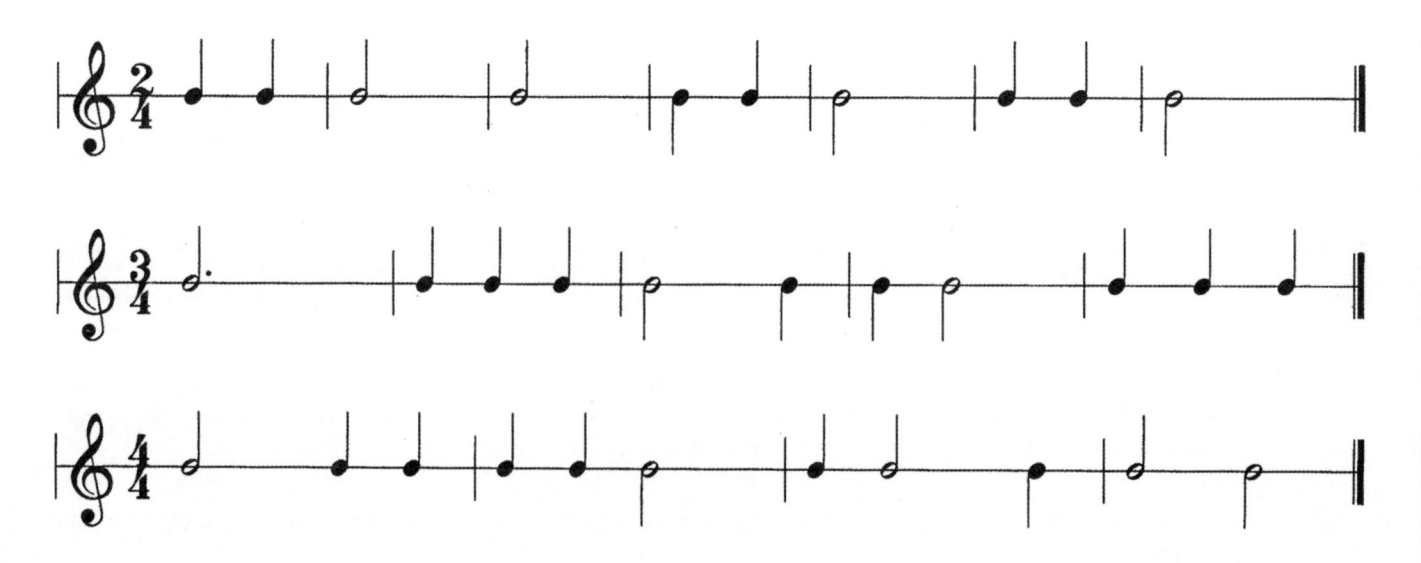

☐ Questionário nº 2

1) O que são barras de compasso e para que servem ?

2) Para que serve o ponto de aumento ?

3) O que acontece com o ponto de aumento, se a nota estiver escrita na linha ?

4) Quantos tempos (batidas de tempo) vale uma mínima pontuada ?

5) No ritmo de Rock, tocado pela bateria eletrônica, quais são os tempos que levam acento forte, e quais são os tempos que levam acento fraco ?

6) No ritmo de Valsa, tocado pela bateria eletrônica do seu teclado, qual(is) é (são) o(s) tempo(s) mais acentuado(s) ?

PAUSAS (DESCANSO)

Em música, temos figuras para representar silêncio. A essas figuras, damos o nome de " pausas ". Consideraremos, por enquanto, as pausas de semínima (um tempo) e de mínima (dois tempos).

pausa de semínima : 𝄽   (um tempo de descanso / silêncio)

pausa de mínima : 𝄼   (dois tempos de descanso / silêncio)

A pausa de um tempo (semínima), fica situada bem no meio da pauta :

A pausa de dois tempos (mínima), fica situada acima da terceira linha :

Veremos agora como representamos os valores, em relação às batidas de tempo :

Às vezes uma música pode começar com pausa em lugar da figura de uma nota. Neste caso, se você estiver usando a bateria eletrônica, esta começará a tocar antes da melodia se iniciar. Na música abaixo, a melodia incia-se no terceiro tempo.

O NORDESTINO

A. Adolfo

Timbre sugerido : Flauta
Ritmo sugerido : Rock

Toque a música *O Nordestino* de cor.

MAR (RÉ) DE (SI)

Arranjo de A. Adolfo

Timbre sugerido : Harpsichord (cravo)
Ritmo sugerido : Rock

CANTO DO POVO DE UM LUGAR

Caetano Veloso
Arranjo de A. Adolfo

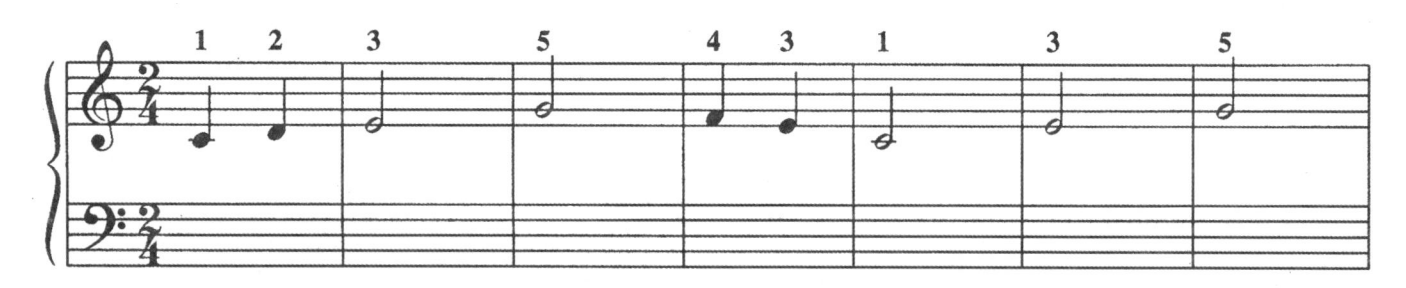

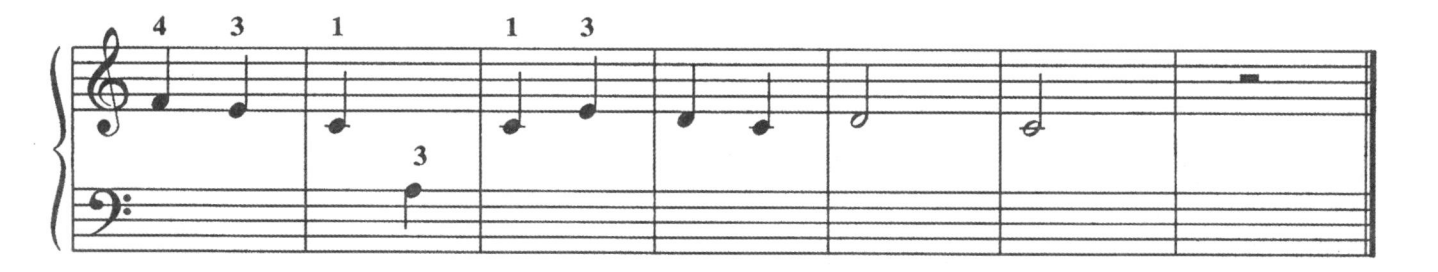

Timbre sugerido : Oboé

Tocar a canção acima no mínimo duas vezes seguidas (sem interromper).

RITORNELLO

Os dois pontinhos no final da última pauta, são chamados de "ritornello", e significam que ao chegar ao final da música, deveremos voltar ao início e tocar tudo mais uma vez até o final, totalizando duas vezes. Note que os dois pontinhos situam-se no segundo e quarto espaços.

SINFONIA Nº 5

Tchaikovsky
Arranjo de A. Adolfo

Timbre sugerido : Strings (violino, etc.) ou piano

☐ Exercício teórico

Escreva na pauta as notas marcadas no teclado :

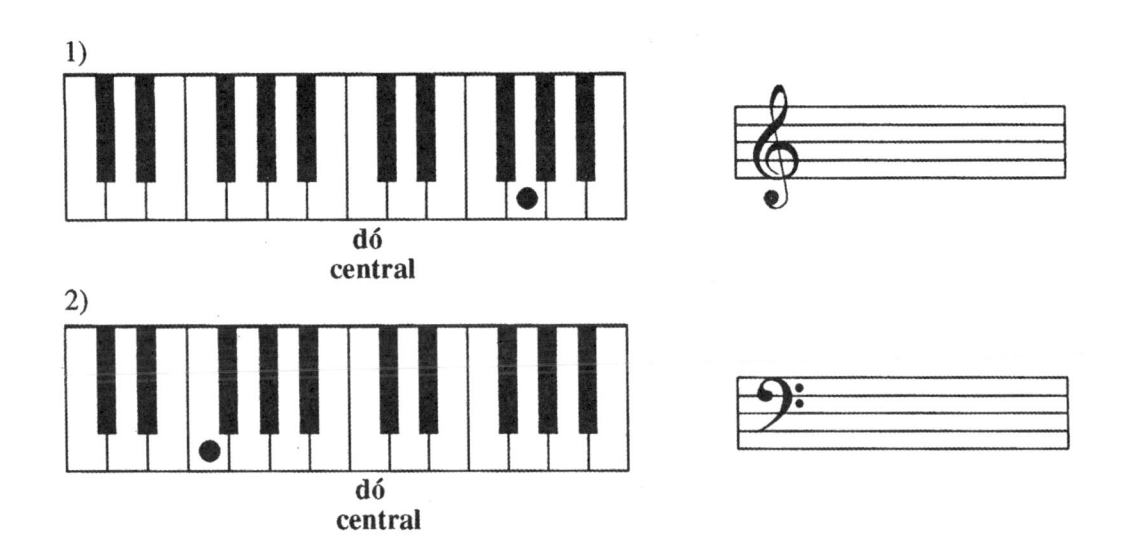

1)

2)

☐ Treinamento com leitura rítmica

Toque no teclado uma nota à sua escolha e conte os tempos em voz alta:

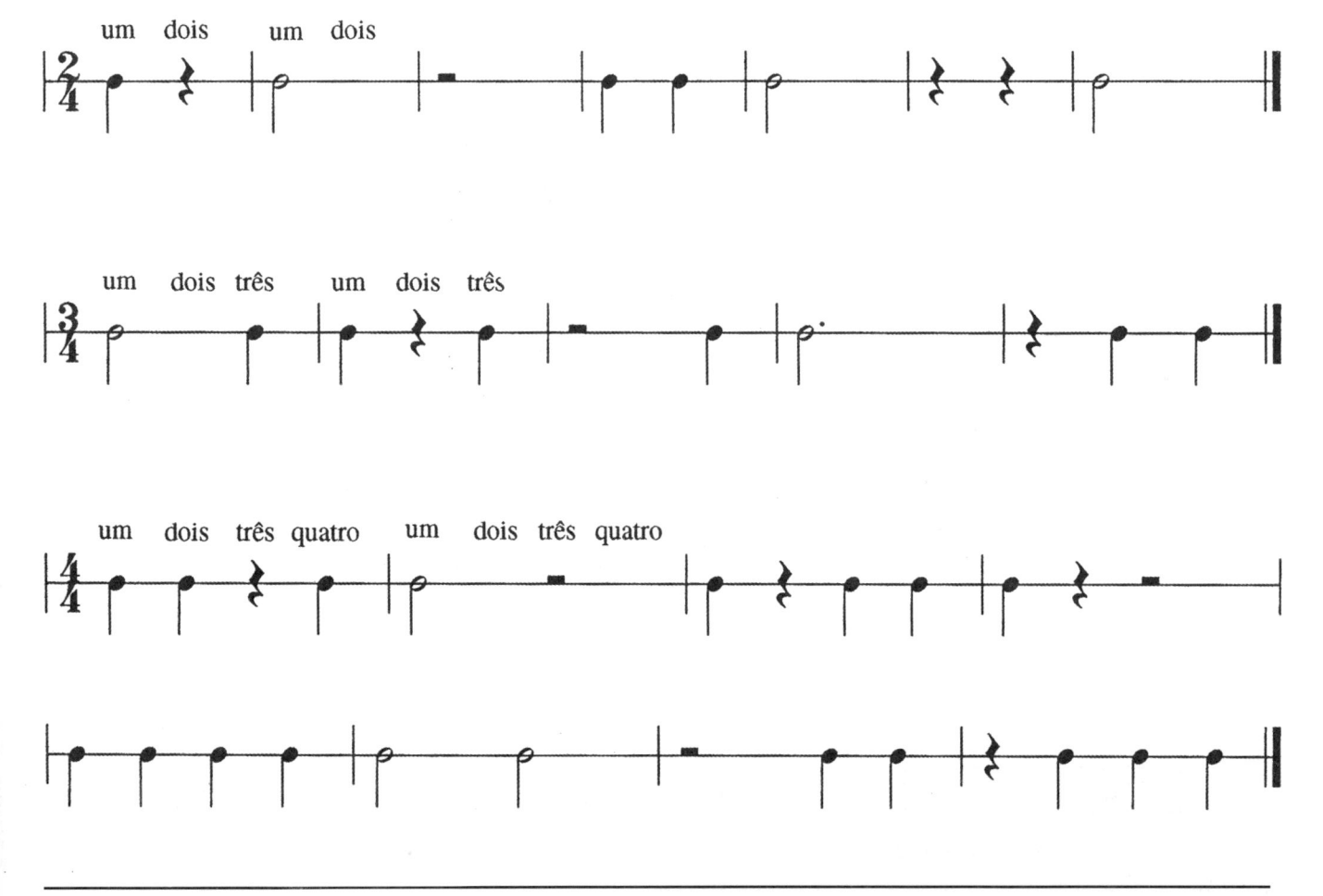

☐ Completar

Complete os compassos que estiverem incompletos, depois toque o escrito.

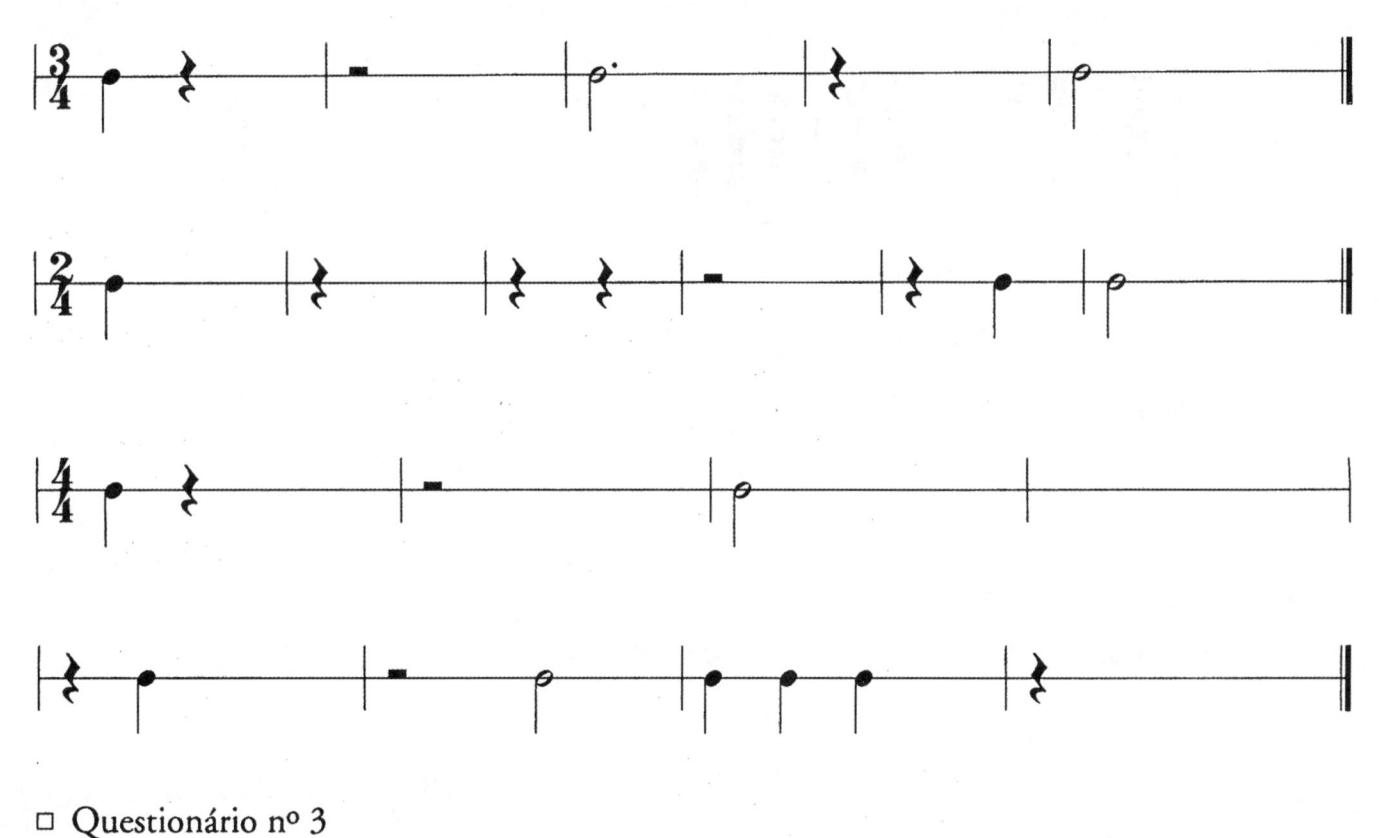

☐ Questionário nº 3

1) Como se chamam os dois pontinhos colocados normalmente no final de uma música, e para que servem? Desenhe na pauta abaixo.

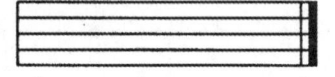

2) Desenhe uma pausa de semínima e responda quantos tempos vale.

Uma pausa de semínima vale..........tempo(s)

3) Desenhe uma pausa de mínima e responda quantos tempos vale.

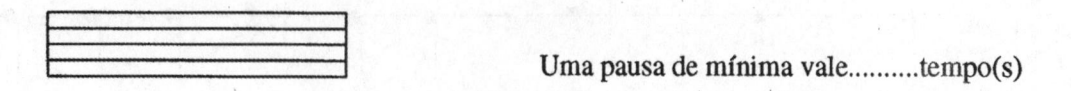

Uma pausa de mínima vale..........tempo(s)

SEMIBREVE

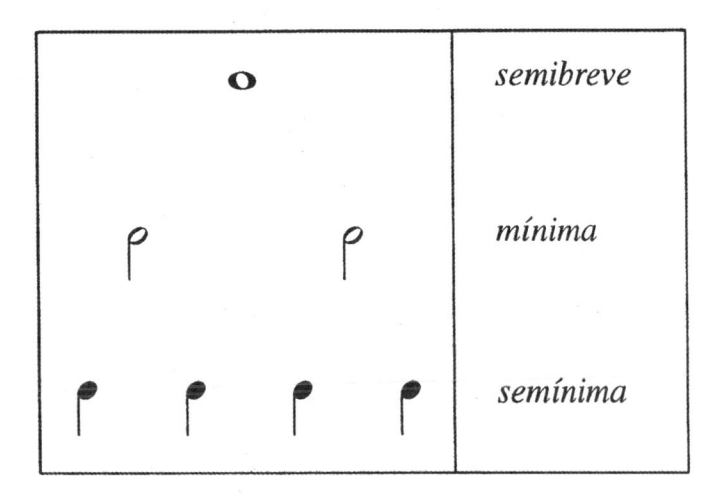

A semibreve vale o dobro da mínima; isso quer dizer que, por exemplo, se a mínima valer dois tempos, a semibreve valerá quatro e a semínima, um :

PAUSAS

O mesmo ocorre com as pausas. Vamos primeiramente mostrar a pausa de semibreve. Ela fica situada abaixo da quarta linha. Lembramos que a pausa de mínima fica situada acima da terceira linha.

pausa de semibreve (4 tempos)   pausa de mínima (2 tempos)

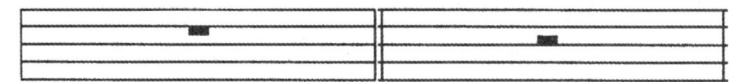

Recapitulando - vamos comparar as três pausas: pausa de semibreve, de mínima e de semínima :

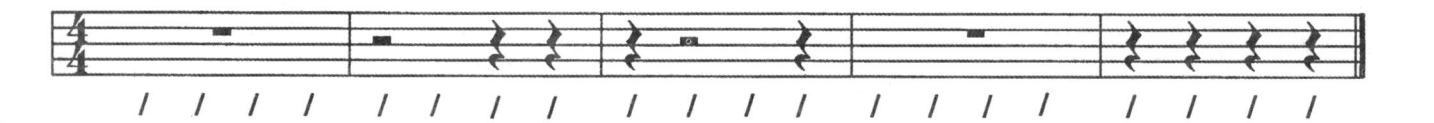

WHEN THE SAINTS GO MARCHING IN

Arranjo de A. Adolfo

Timbre sugerido : Violino ou piano
Ritmo sugerido : Rock

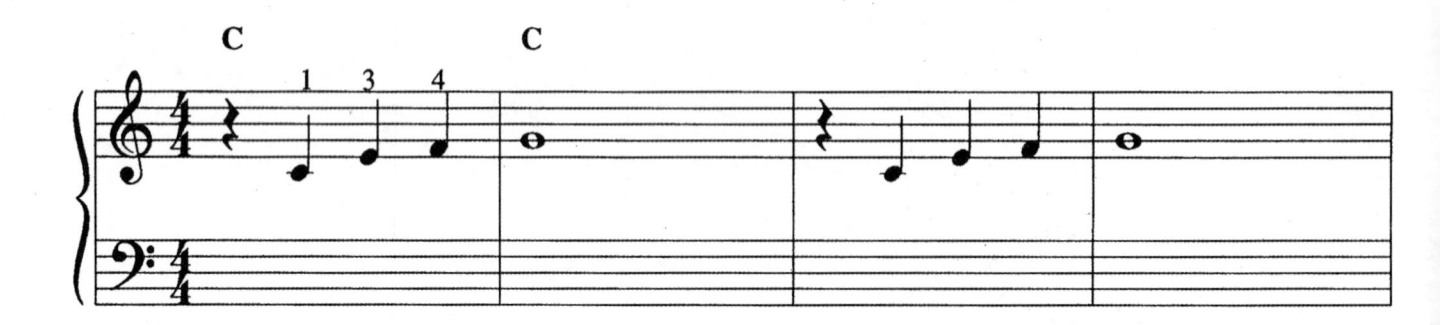

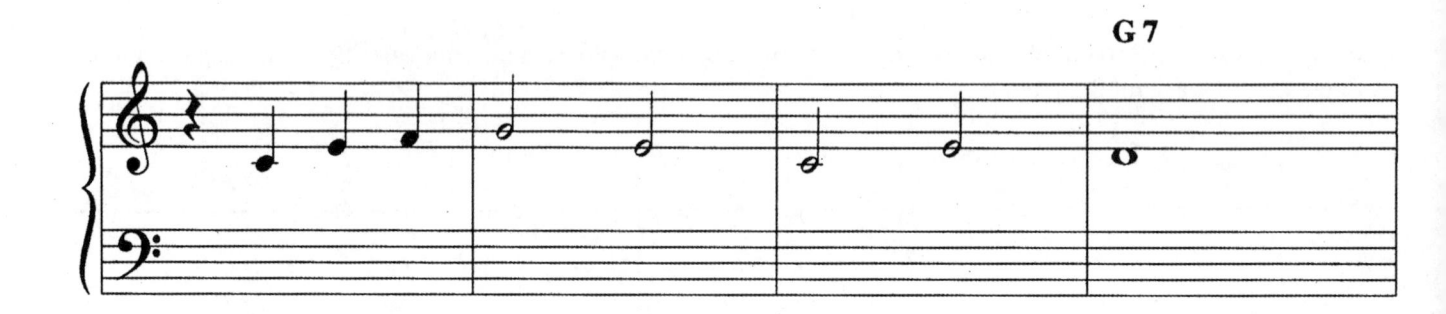

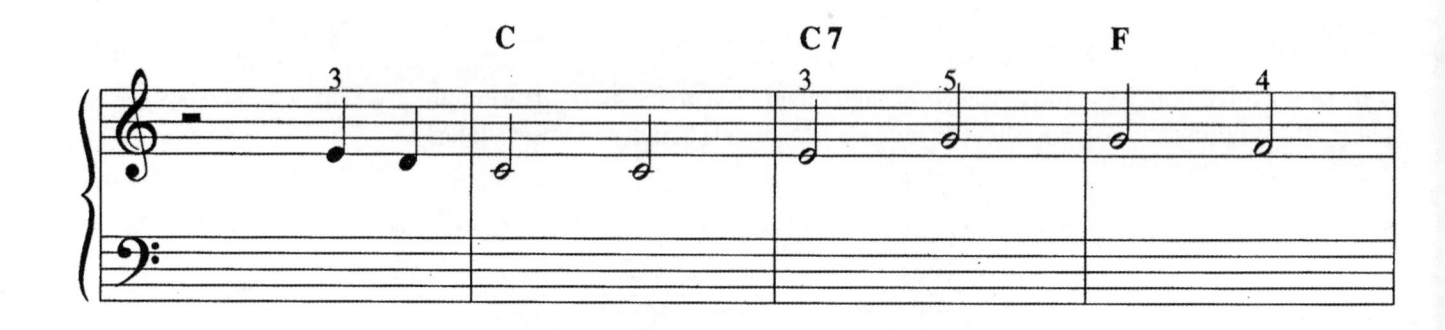

Nota para o professor - A cifragem apresentada a partir de agora deverá ser usada pelo professor com o intuito de enriquecer o acompanhamento.

ASA BRANCA

Luiz Gonzaga e Humberto Teixeira
Arranjo de A. Adolfo

Timbre : À escolha do aluno

Nota para o professor - o professor poderá ensinar o final da música por imitação ou o aluno pode " tirar de ouvido ", o que é recomendável.

□ Copiar

Preencha toda a pauta com pausas ...

...de semibreve :

...de mínima :

...de semínima :

□ Copiar

Vamos recapitular. Preencha toda a pauta com claves:

□ Copiar

Preencha toda a pauta com notas variadas, usando os valores pedidos. Da metade da pauta para baixo, use hastes para cima e, da metade para cima, use hastes para baixo.

semínimas :

mínimas :

semibreves :

Questionário nº 4

1) Qual é a figura que vale o dobro da semínima ?

2) Qual é a figura que vale o dobro da mínima ?

3) Qual é a figura que vale a metade da semibreve ?

Synchro-start : Utilize o *synchro-start* de seu teclado, para que o ritmo seja acionado conjuntamente com a primeira nota tocada (consulte o manual de seu teclado).

ENSAIANDO UM BLUES

A. Adolfo

Timbre sugerido : Piano
Ritmo sugerido : Swing

Normalmente um Blues se escreve em compasso $\frac{4}{4}$. Já uma Valsa ou uma Guarânia, se escreve em $\frac{3}{4}$.

ENSAIANDO UMA GUARÂNIA

A. Adolfo

Timbre sugerido : Guitar (guitarra)
Ritmo sugerido : Waltz (Valsa)

Aumento da extensão do registro agudo

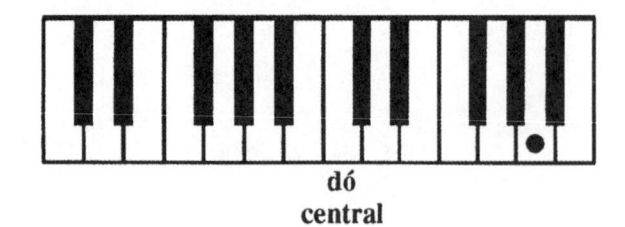

A nota *lá* é escrita no segundo espaço

dó central

ASSUM PRETO

Luiz Gonzaga e Humberto Teixeira
Arranjo de A. Adolfo

Timbre sugerido : Flute (flauta)

REPERTÓRIO ADICIONAL : *Song of the Volga Boatman* (John Thompson - Adult Piano Book).

RITORNELLO (VOLTANDO A OUTRO PONTO QUE NÃO O INÍCIO)

É muito comum o uso de *ritornello*, indicando volta a um ponto da música que não o início. Para isso a partitura (pauta musical) deverá ter indicação de onde voltar. É o caso do terceiro compasso da música que tocaremos a seguir.

Nota para o professor - para aqueles alunos que já estiverem apresentando bom desempenho técnico, sugerimos que os valores rítmicos que aparecem na música a seguir, sejam interpretados com sentido dobrado, isto é, as mínimas interpretadas como semínimas e estas, como colcheias, etc. Dessa forma, obteremos um resultado muito interessante. Para facilitar a compreensão da música pelo aluno, demonstre a repetição da célula inicial (4 vezes em dó e 4 vezes em lá).

ROCK DO FERREIRO

(tema folclórico *Bate Bate o Ferreiro*)
Adaptação de A. Adolfo

Timbre sugerido : Guitar ou synthesiser
Ritmo sugerido : Rock

Nota- O aluno que já se sentir motivado, poderá criar uma improvisação no estilo rock, para continuar a música acima, voltando depois ao tema. Isto é ótimo!

☐ Questionário nº 5

1) Para que serve a tecla *synchro start* ?

2) Qual o compasso usado normalmente para um Blues ?

3) Qual o compasso usado para Valsas e Guarânias ?

4) O sinal de *ritornello* indica sempre volta ao início da música ? Explique.

PENTACÓRDIO MAIOR (ASPECTO TÉCNICO)

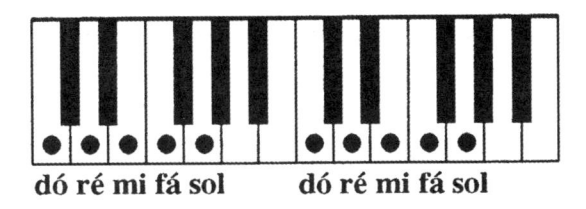

mão direita :

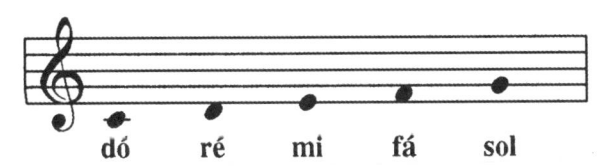

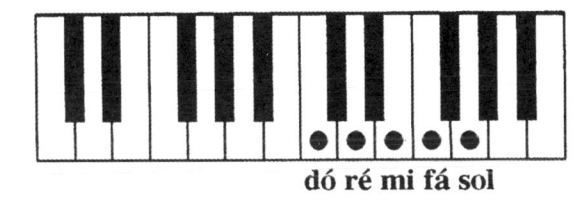

mão esquerda :

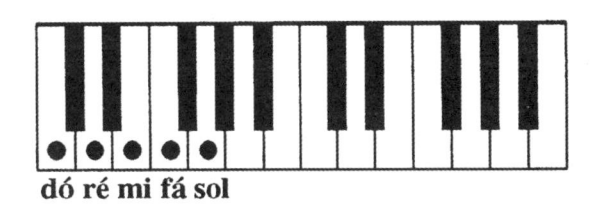

GINÁSTICA PARA OS DEDOS

O treinamento que apresentamos abaixo será feito a cada aula com orientação do professor. Posteriormente, o aluno deverá incorporá-lo ao seu estudo diário. O intuito deste treinamento é fortalecer os dedos, e não, atingir velocidade. Portanto, recomenda-se que seja feito em andamento blues (lento), com atenção especial ao movimento dos dedos. O aluno deverá, com posição correta das mãos, manter os dedos afastados do teclado, concentrar-se no ataque de cada nota, mantendo sempre os dedos na posição inicial (afastada), sem contrair mão, pulsos e braços, nem tampouco o ombro. Serve também como treinamento coletivo de precisão rítmica. Diferentes timbres serão experimentados. O exercício deverá ser tocado repetidas vezes (duas vezes para cada mão) e sem interrupção, até que o professor determine o descanso. Não convém ao aluno se cansar e nem sentir qualquer desconforto. Os braços deverão mover-se o mínimo possível.

O PENTACÓRDIO BLUES (treinamento técnico)

Timbre sugerido : Piano
Ritmo sugerido : Swing

Atenção : lento e articulando os dedos!

REPERTÓRIO ADICIONAL : *Are you Sleeping* e *Oh! Susanna* (Leila Fletcher, vol.1).

COLCHEIA

A figura que vale metade do valor de uma semínima e um quarto do valor de uma mínima, chama-se colcheia.

A colcheia é representada pelo seguinte símbolo :

♪ colcheia (figura)   colcheia (pausa)

Normalmente as colcheias se agrupam em duas ou em quatro :

O quadro de valores rítmicos dados até aqui, fica assim formado :

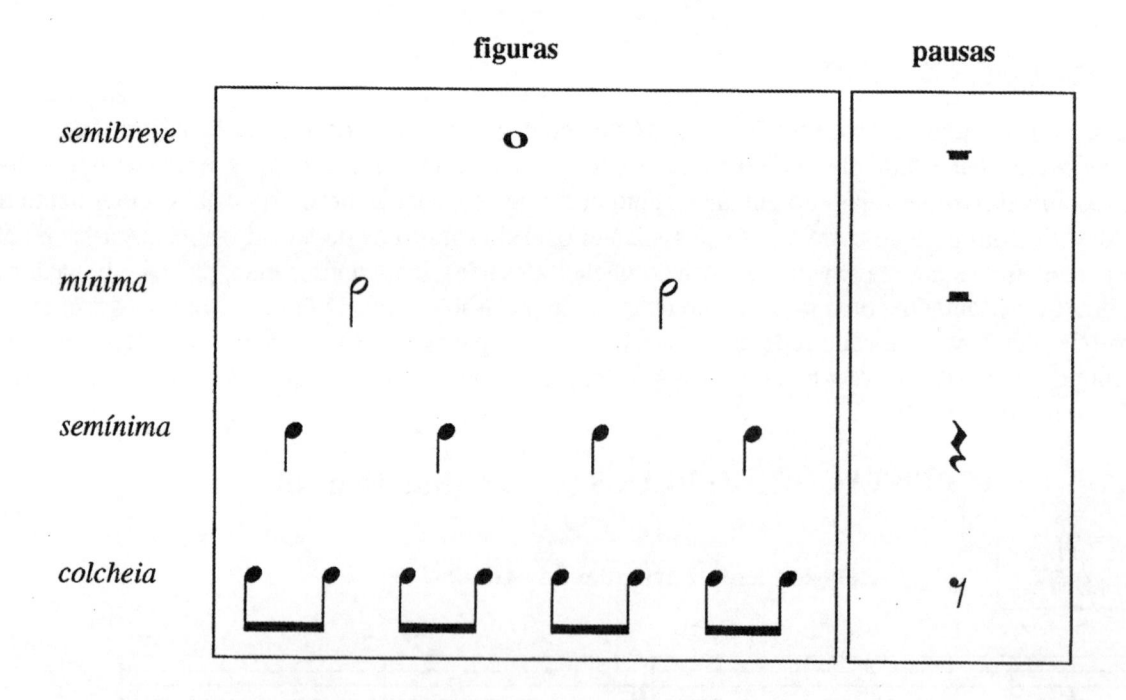

	figuras	pausas
semibreve	o	▬
mínima	♩ ♩	▬
semínima	♩ ♩ ♩ ♩	𝄽
colcheia	♫ ♫ ♫ ♫	♪

Lembramos mais uma vez que as figuras podem aparecer com hastes para baixo ou para cima, dependendo da altura. Exemplo com colcheias :

□ Exercício teórico

Faça um círculo em torno das pausas de semibreve

Faça um círculo em torno das pausas de mínima

Faça um círculo em torno das pausas de semínima

Faça um círculo em torno das pausas de colcheia

□ Completar

Complete os compassos usando figuras e pausas, com diversas combinações

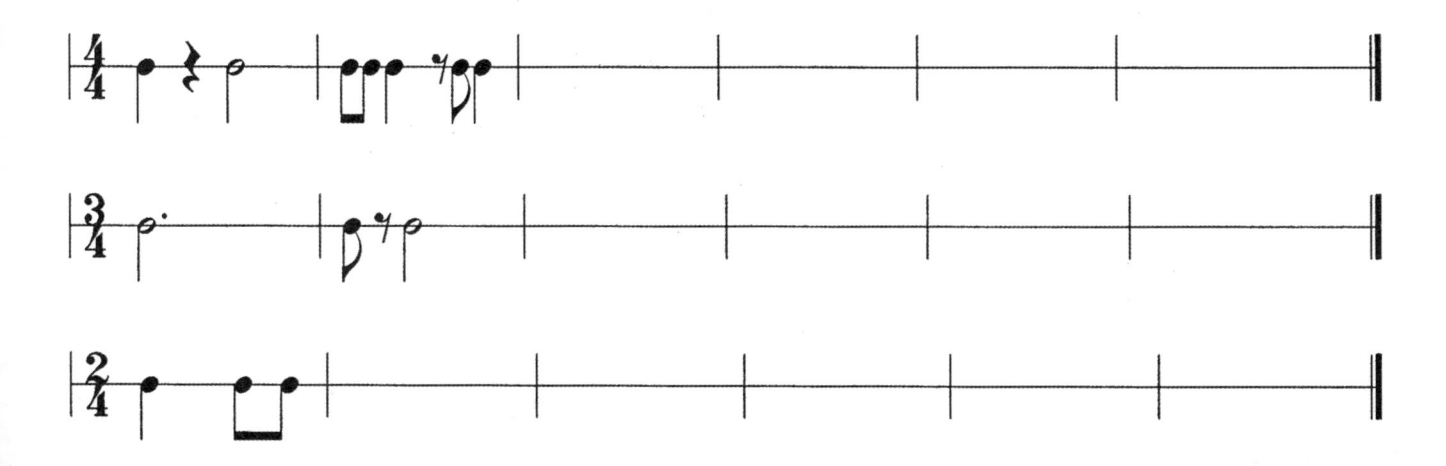

CASA DE PRIMEIRA VEZ E CASA DE SEGUNDA VEZ

Antes de tocarmos as duas próximas músicas é importante saber que o que está escrito na casa de primeira vez só deverá ser tocado na primeira vez que executarmos a música. Ao repetir, pulamos direto para a casa de segunda vez, em vez de tocarmos de novo o que está escrito na casa de primeira vez.

O JANGADEIRO

A. Adolfo

Timbre sugerido : Guitar
Ritmo : Rock (utilizar *synchro start*)

DANÇA POLONESA
da ópera *Príncipe Ígor*

A. Borodin
Arranjo de A. Adolfo

Timbre sugerido : Violins ou orchestra

□ Copiar

Preencha toda a pauta, copiando figuras de colcheias :

Preencha toda a pauta, copiando pausas de colcheias :

Crie melodias usando diferentes figuras e pausas. Toque o que você criou.

MARCHA SOLDADO

Arranjo de A. Adolfo

Timbre sugerido : Trumpet ou horns
Ritmo : Disco ou Marcha Militar

Nota - aperte com o polegar da mão esquerda a tecla *fill* no início do último compasso, a fim de obter um interessante efeito de "preparação" (preenchimento rítmico).

REPERTÓRIO ADICIONAL : *Halloween* (Leila Fletcher, vol.1).

PASSA, PASSA, GAVIÃO

Arranjo de A. Adolfo

Timbre : à escolha do aluno
Ritmo : Rock ou March

* Posicione imediatamente o polegar sobre a tecla *lá*.

Questionário nº 6

1) Qual é a figura que vale metade do valor de uma semínima ? Desenhe.

2) Para que serve a tecla *fill* ?

3) Explique como atuam a casa de 1ª vez e a casa de 2ª vez.

Check-up nº 1

1) Você tem tocado com mãos, braços e ombros relaxados ?

2) Como está sua posição de mão ?

3) Você tem praticado todos os dias ? Quantas vezes por semana ?

4) Você tem feito exercícios escritos ?

5) Tem articulado os dedos ao tocar ?

6) Tem respeitado os dedilhados sugeridos ?

7) Tem usado os timbres e ritmos sugeridos ?

8) Você tem treinado com o Pentácordio Blues ? Em andamento lento ?

☐ Treinamento com leitura de notas

Escrever o nome de cada nota (atenção às claves !) :

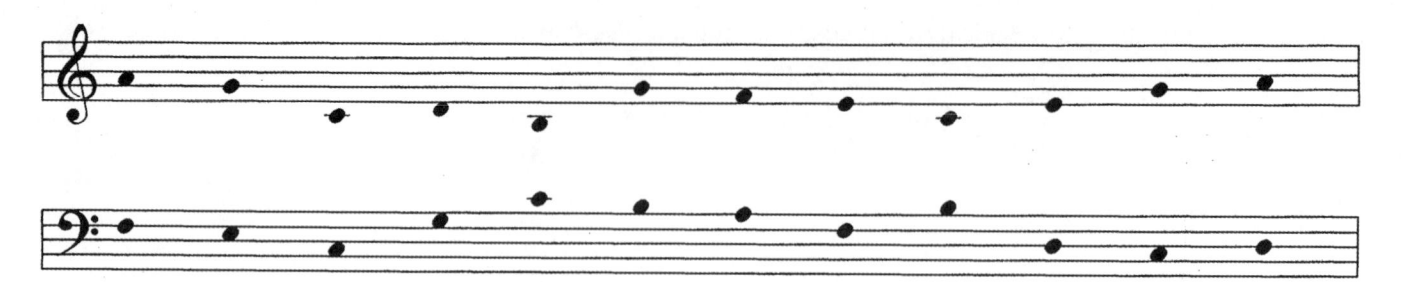

☐ Exercício adicional a ser dado pelo professor :

A partir de diferentes notas escritas no quadro-negro ou no caderno, o (s) aluno (s) deverá (ão) identificar os nomes das notas o mais rápido possível.

Observação : esse tipo de exercício deverá ser feito a cada aula, como treinamento de leitura, quando o professor poderá marcar o tempo que cada aluno leva para identificar as notas.

☐ Treinamento preparatório com leitura rítmica (usando bateria eletrônica)

Nota para o professor - O treinamento com colcheias deverá obedecer ao seguinte procedimento :
1) Professor coloca ritmo de rock ou similar no teclado, em andamento compatível com o aproveitamento do (s) aluno (s).
2) Sugere a contagem com unidade de tempo :

$$| \frac{4}{4} \quad 1 - 2 - 3 - 4 \quad | \quad 1 - 2 - 3 - 4 \quad | \text{ etc.}$$

3) Sugere a contagem com colcheias :

$$| \frac{4}{4} \quad 1 \text{ e } 2 \text{ e } 3 \text{ e } 4 \quad | \quad 1 \text{ e } 2 \text{ e } 3 \text{ e } 4 \quad | \text{ etc.}$$

4) Sugere a contagem alternada :

$$| \frac{4}{4} \quad 1 - 2 - 3 - 4 \quad | \quad 1 \text{ e } 2 \text{ e } 3 \text{ e } 4 \quad | \quad 1 - 2 - 3 - 4 \quad | \text{ etc.}$$

Nota - O mesmo procedimento poderá ser usado para $\frac{3}{4}$ (waltz - valsa) e $\frac{2}{4}$ (rock).

☐ Treinamento com leitura rítmica

Toque com a mesma nota no instrumento, contando em voz alta os seguintes trechos :

1) Rock

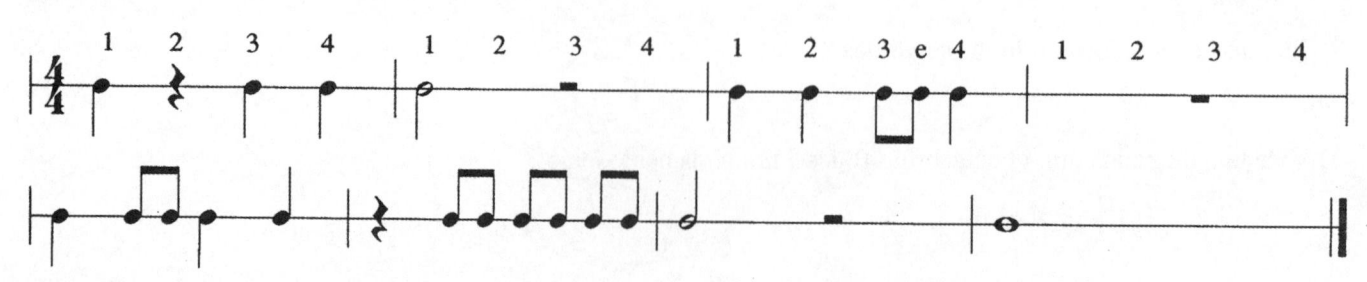

2) Rock

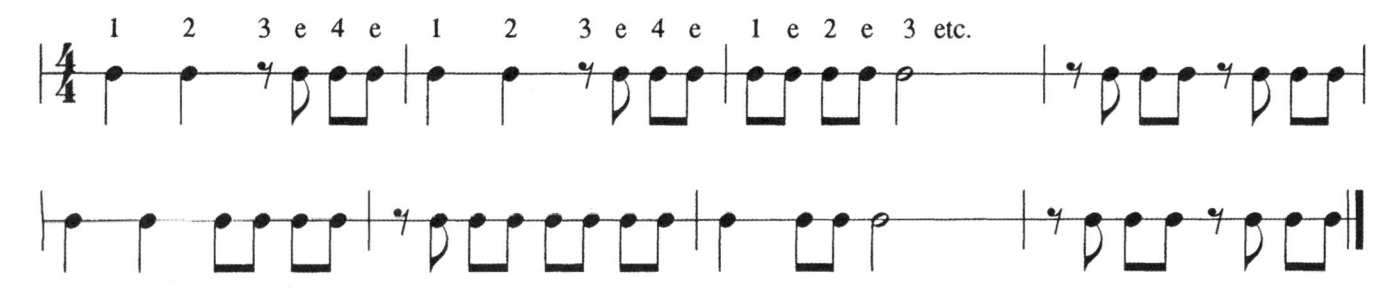

3) Valsa

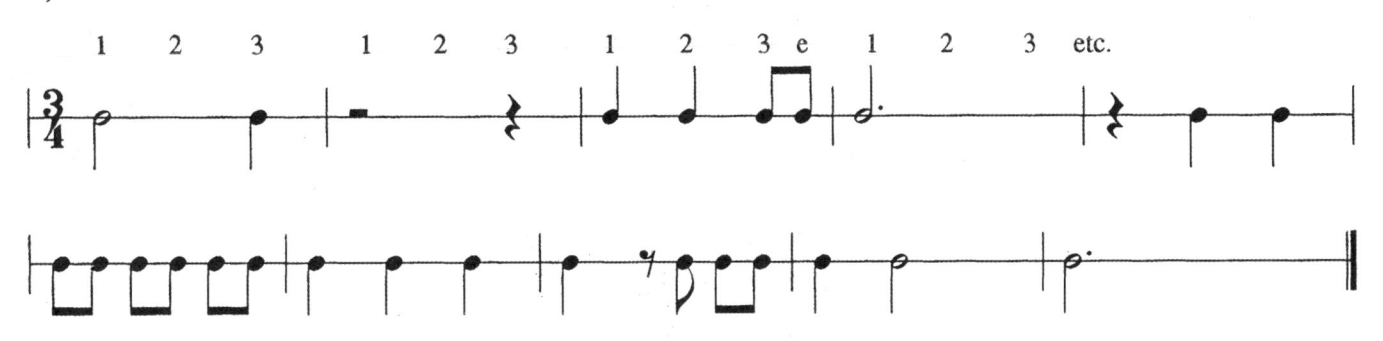

4) Rock

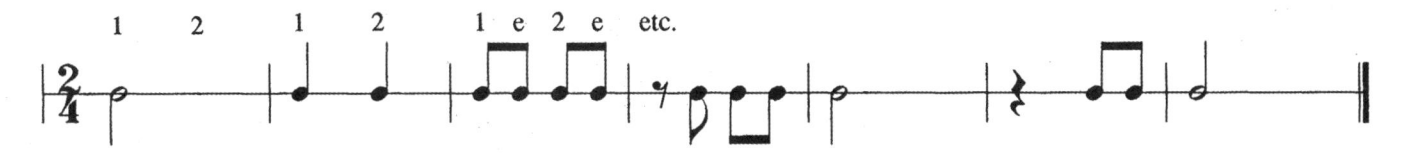

☐ Treinamento técnico com Pentacórdio Blues (ré menor)

Toque da mesma maneira recomendada para o Pentacórdio de dó maior

Ritmo : Swing   **Atenção : lento e articulando os dedos!**

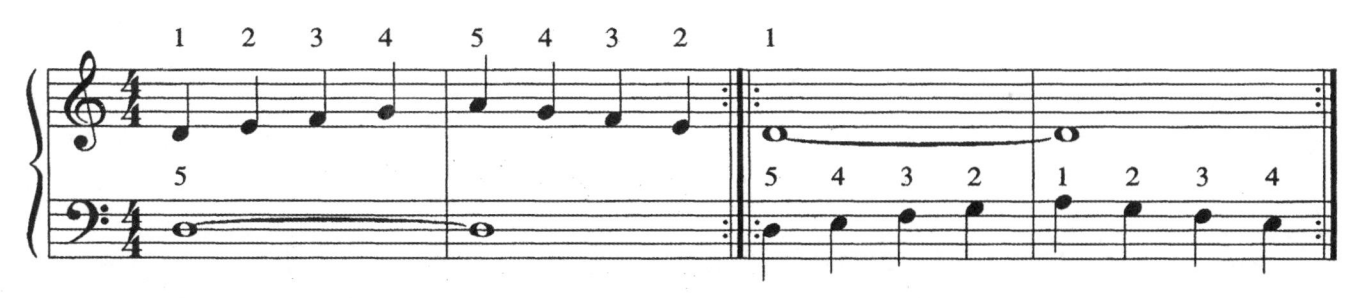

Nota importante - Para a música que tocaremos a seguir, o aluno deverá começar pressionando a tecla *intro/fill*, que fará uma contagem de quatro tempos; logo após a contagem, a bateria começará automaticamente o ritmo (swing). O aluno, então, esperará por três compassos, quando novamente deverá pressionar a tecla *fill* (início do quarto compasso), a fim de que a bateria execute uma preparação rítmica.

No quinto compasso, deverá dar início à melodia tocada pela mão esquerda. No décimo sexto compasso, pressionará novamente a tecla *intro/fill* com o polegar direito, a fim de que a bateria execute mais um preenchimento rítmico (virada). Em seguida, deverá retornar ao quinto compasso e seguir tocando normalmente. Imediatamente após tocar o décimo sexto compasso, ou seja, quando atingir o compasso 17, deverá pressionar a tecla *ending* para que o arranjo termine de forma natural, sem interrupção abrupta.

BLUES Nº 2

A. Adolfo

Nota - a cifragem na música acima poderá ser utilizada pelo professor.

ANACRUSE

Nem sempre as músicas começam no primeiro tempo (tempo 1). A esse grupo de notas que antecede o primeiro tempo dá-se o nome de anacruse. Na canção *Desafio*, as notas *sol* e *si* escritas compõe uma anacruse. Podemos notar que o primeiro compasso está incompleto ritmicamente (falta um tempo). Todavia, se as notas que compõem a anacruse somassem mais do que a metade do valor do compasso, teríamos que preencher com pausa.

NOTAS ENTRE PARÊNTESES

É comum encontrarmos em música popular notas entre parênteses com alguma indicação específica, como no último compasso de *Desafio*, indicando que, para repetir a canção, devemos tocar o *sol* e o *si* escritos entre parênteses. No entanto, para terminar, simplesmente tocamos o sol (mínima).

Toque, sem interromper, duas vezes a canção *Desafio*.

Nota - se utilizarmos bateria eletrônica, não deveremos nos esquecer de que a melodia começa no segundo tempo do compasso que antecede a barra dupla. Portanto, acione primeiramente a bateria e comece a tocar o teclado somente no segundo tempo.

Depois de aprender a música *Desafio*, tente tocá-la de cor. Essa prática deverá ser incentivada e repetida com outras canções.

DESAFIO

A. Adolfo

Mudança de timbre

Toque a música abaixo duas vezes sem interromper, introduzindo um timbre novo ao retornar ao início da música. Pressione com a mão direita a tecla referente ao novo timbre, durante o último compasso. Ensaie algumas vezes. Proceda dessa forma, mesmo que você tenha optado por timbres diferentes dos sugeridos.

O FAZENDEIRO FELIZ

R. Schumann
Arranjo de A. Adolfo

Timbre: Oboé ou metais (horns)

SUSTENIDO E BEMOL

♯ *sustenido*

♭ *bemol*

Um sustenido colocado antes de uma nota, faz com que esta aumente sua altura. Passa a ser a tecla preta seguinte. No teclado fica muito fácil entender, pois uma nota escrita para ser tocada em tecla branca ao ser antecedida pelo sinal ♯ (sustenido), passa a ser a tecla preta imediatamente mais alta (mais aguda).

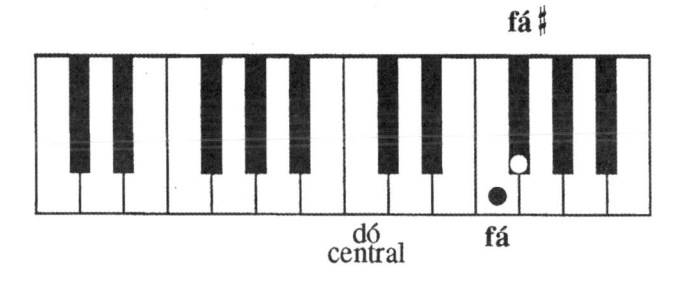

O contrário acontece com o bemol :

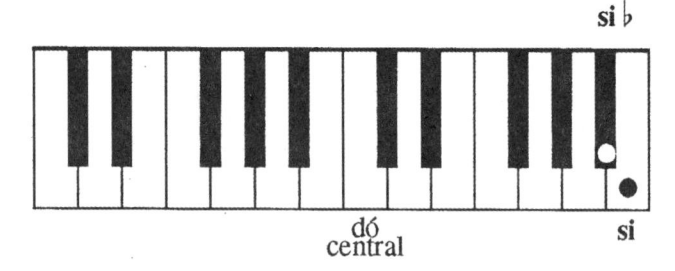

Vamos dar mais alguns exemplos com sustenidos e bemóis e sua localização no teclado :

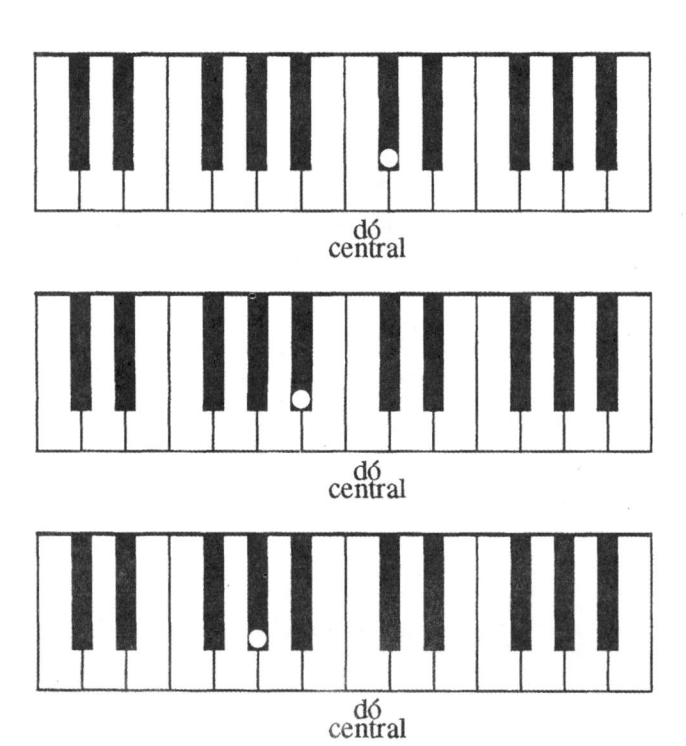

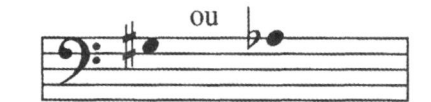

☐ Copiar

Preencha toda a pauta com sustenidos e bemóis :

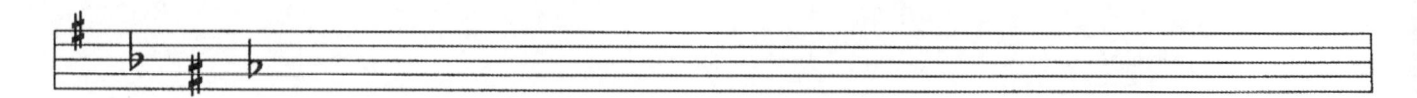

☐ Marque

Localize nos teclados desenhados as notas escritas em cada pauta e depois toque no seu instrumento para conferir :

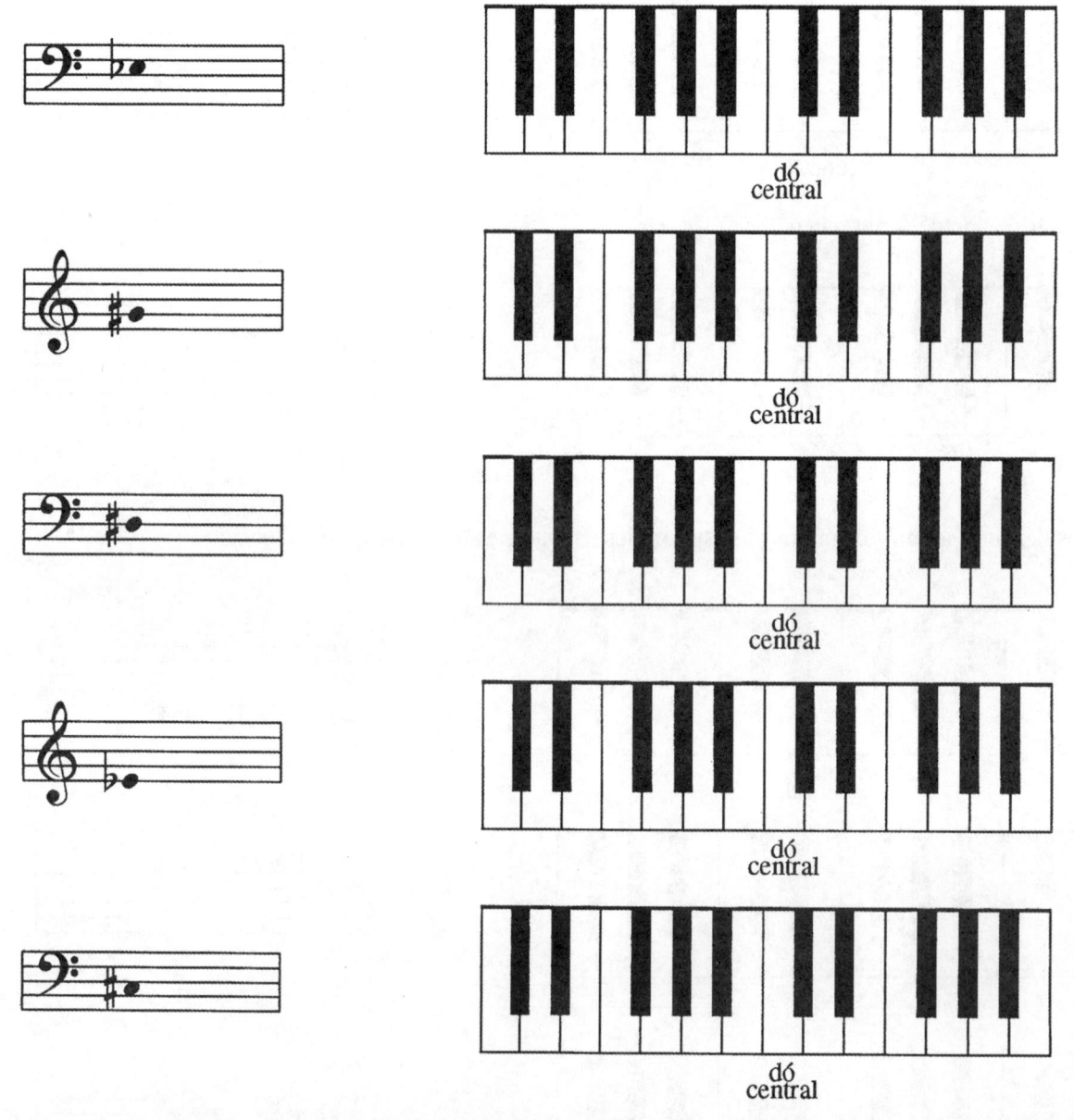

nota para o professor - 1) Sugerimos exercícios adicionais semelhantes aos que apresentamos acima, nos quais o aluno deverá mostrar no teclado a nota (escrita) pedida pelo professor.
2) Poderá também ser pedido ao aluno justamente o contrário, ou seja : o professor toca a nota no teclado e o aluno escreve na pauta.

LIGADURAS DE EXPRESSÃO

São linhas curvas que determinam que um conjunto de notas deve ser tocado da maneira mais ininterrupta possível (legato). Separam uma frase da outra.

O CAIPIRA NORDESTINO

A. Adolfo

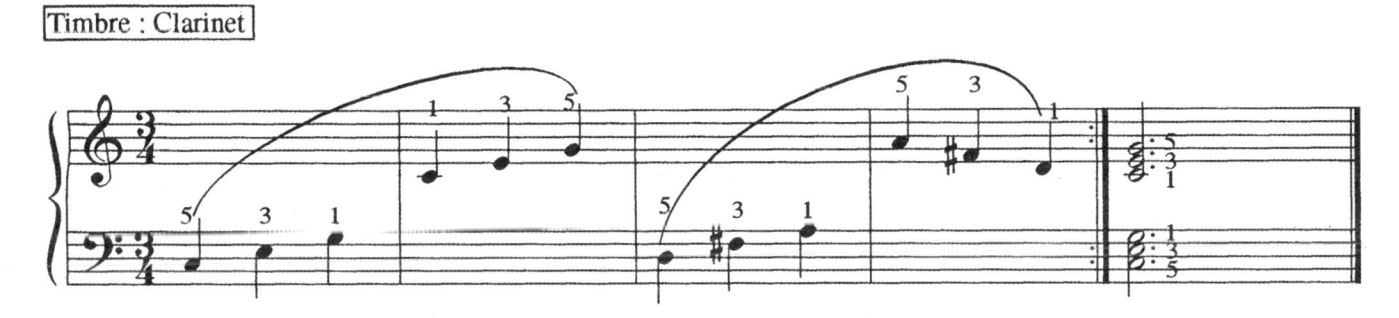

Timbre : Clarinet

HINO À ALEGRIA
da Sinfonia nº 9

Ludwig Van Beethoven
Arranjo de A. Adolfo

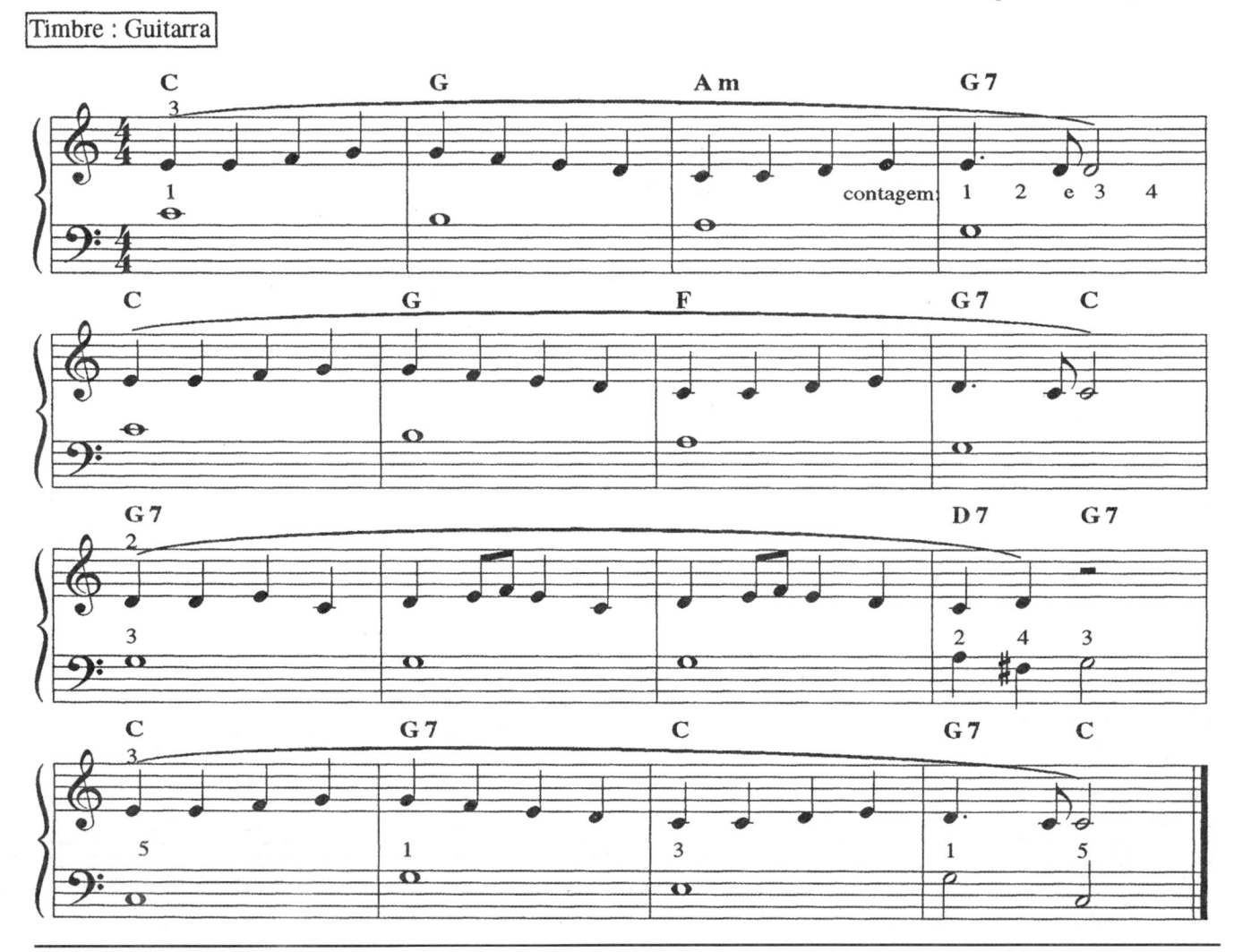

Timbre : Guitarra

☐ Treinamento técnico com Pentacórdio Blues (ré maior)

Atenção : lento e articulando os dedos!

REPERTÓRIO ADICIONAL : *The Bee, Blue Bells of Scotland, Down South* (John Thompson - Adult book, vol.1) *Tower Clock* (Leila Fletcher, vol. 1).

FAROL DA ILHA

A. Adolfo

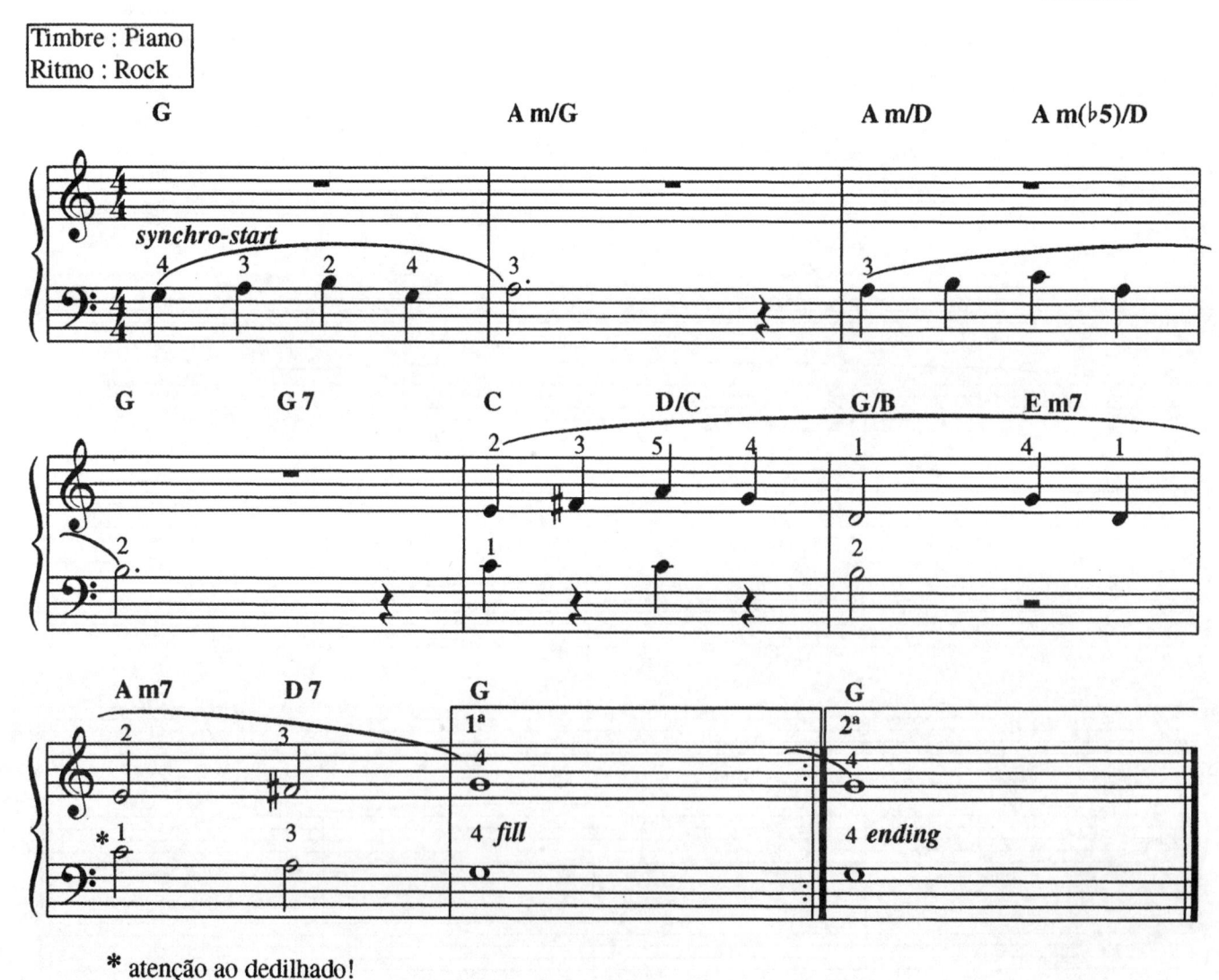

Timbre : Piano
Ritmo : Rock

* atenção ao dedilhado!

☐ Questionário nº 7

1) Defina "anacruse".

2) Como deverão ser interpretadas as notas entre parênteses?

3) Para que servem as ligaduras de expressão?

4) Explique o funcionamento do *intro/fill* e do *ending*.

5) Para que é usado o sustenido?

6) E o bemol?

☐ Check up nº 2

1) Você tem usado os diferentes timbres e ritmos sugeridos?

2) Como anda o relaxamento dos braços, mãos e ombros?

3) Você tem tocado o Pentacórdio Blues articulando os dedos conforme sugerido?

4) Tem feito os diferentes exercícios escritos e práticos apresentados?

5) Tem tocado todos os dias?

OITAVA 2 E OITAVA 3

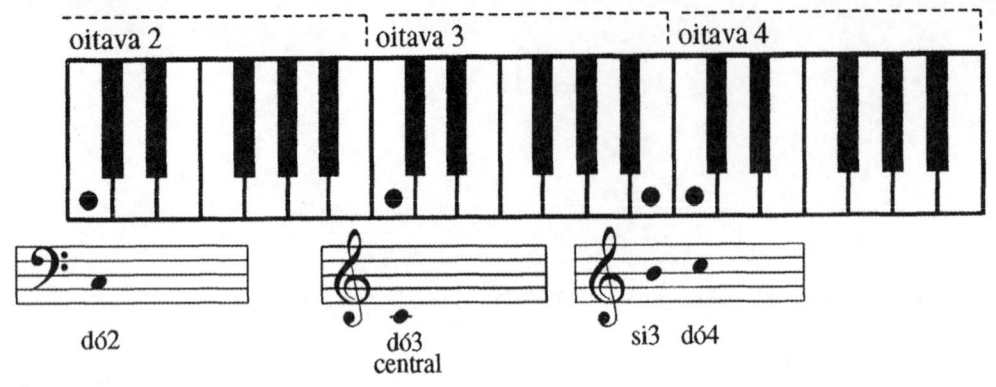

dó2   dó3 central   si3 dó4

Sinais de dinâmica

São sinais que representam a dinâmica de uma música (graus de intensidade e volume). Eis alguns desses sinais:

p *piano* = suave   **mf** *mezzo forte* = meio forte   **pp** *pianíssimo* = muito suave

mp *mezzo piano* = meio suave   **f** *forte* = forte   **ff** *fortíssimo* = muito forte

Nota - Alguns teclados eletrônicos não possuem recursos para controlarmos a dinâmica pelo toque dos dedos.

Frases

Como falamos anteriormente, as frases são separadas umas das outras por ligaduras de expressão. Significa que entre uma frase e outra devemos "respirar". Portanto, as notas que estiverem escritas sob uma ligadura deverão estar ligadas uma a outra. Experimente com a música abaixo.

BALADA ARPEJADA

A. Adolfo

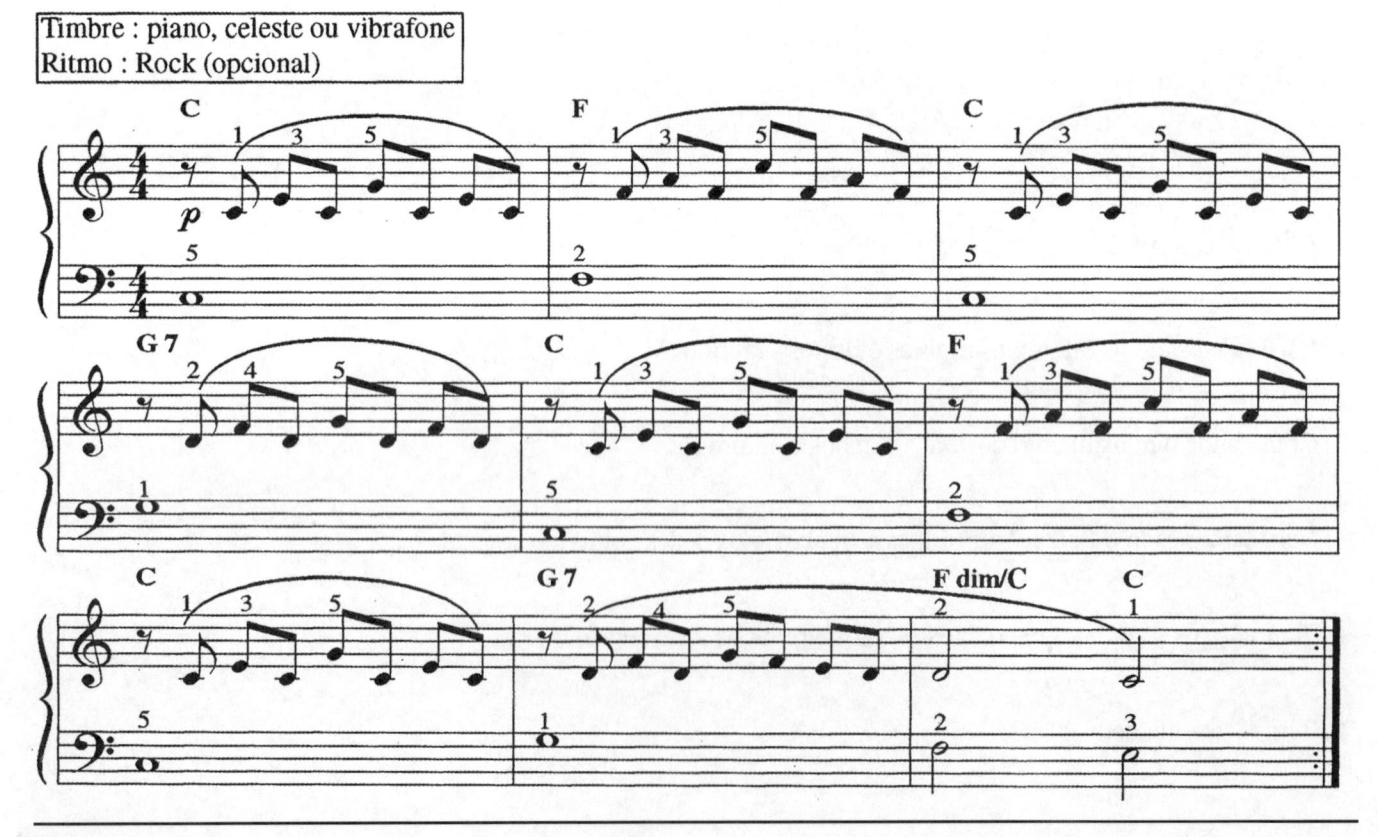

Timbre : piano, celeste ou vibrafone
Ritmo : Rock (opcional)

REPERTÓRIO ADICIONAL : *Coming Around the Mountain* (John Thomson - Adult Book 1)
Vacation Days (Leila Fletcher, vol. 1)

A BANDA DE METAIS
(marcha)

A. Adolfo

Sugestão para arranjo : Inserir quatro compassos de ritmo (March ou Swing) antes do início do primeiro compasso da música. No quarto compasso de ritmo, acionar a tecla *fill* e aí então (no quinto compasso) começar a tocar *A Banda de Metais*.

Timbre : Metais (horns)
Ritmo : Marcha (March) ou Swing

Nota - Quando encontrarmos uma nota alterada com sustenido ou bemol, a alteração valerá para todas as notas do mesmo nome dentro daquele compasso. É o caso, por exemplo, do primeiro compasso da *Toada*, que tocaremos a seguir, onde as duas notas *fá* são alteradas (sustenido), mas só a primeira é antecedida pelo sinal. Observe também que a música começa por anacruse.

TOADA

A. Adolfo

Timbre : Flute (flauta)

PRELÚDIO

A. Adolfo

No final do segundo compasso, deveremos levantar as mãos, a fim de que posicionemos a mão direita no *lá 3*, e a mão esquerda no *fá 2*.

Timbre : Piano

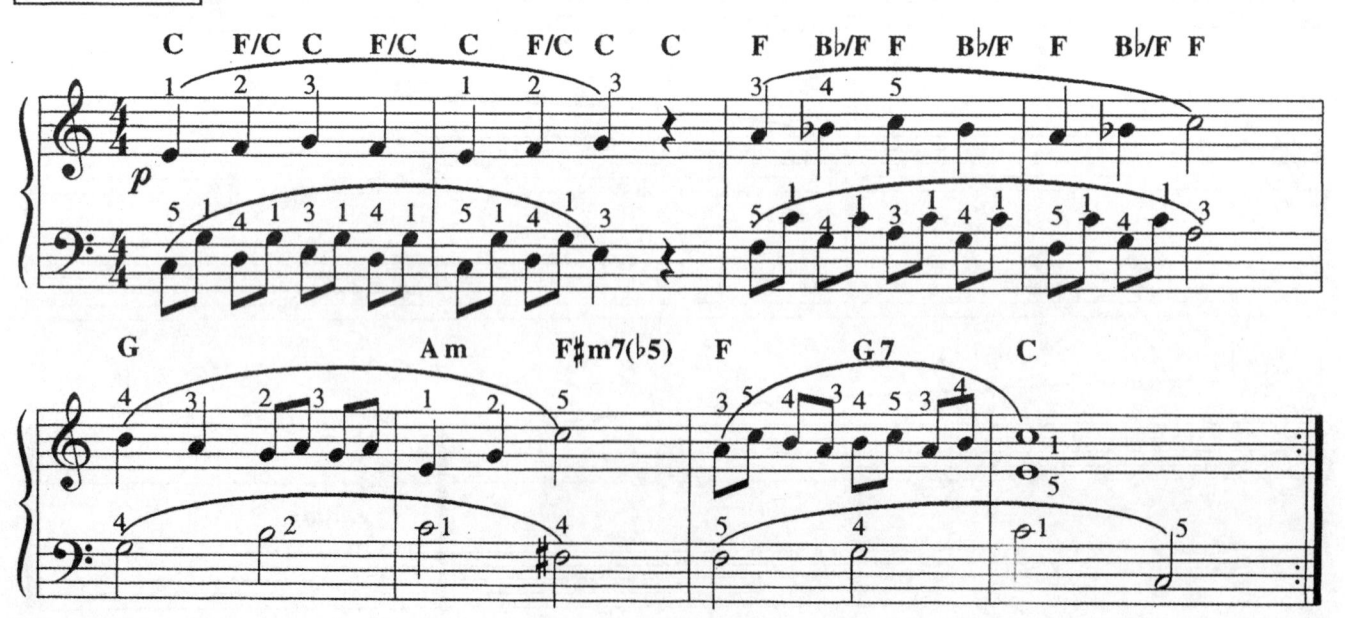

STACCATTO

Quando uma nota vier acompanhada de um pontinho abaixo ou acima da mesma, significa que deverá ser tocada com duração mais curta que o normal. Isso não significa, porém, antecipar a duração da nota seguinte.

RELEMBRANDO J.S. BACH

A. Adolfo

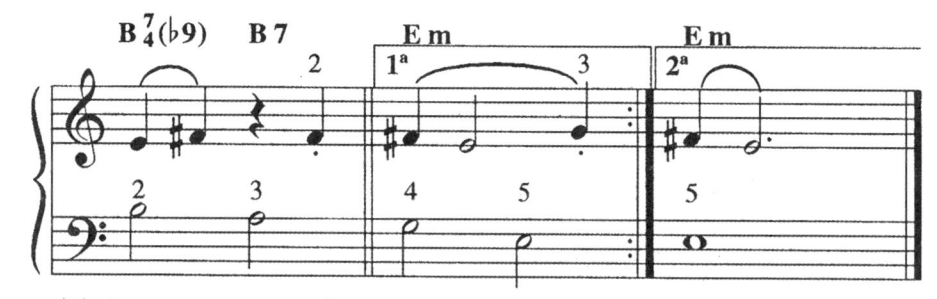

☐ Treinamento com leitura de notas

Toque no teclado, no menor tempo possível, a seqüência de notas abaixo:

Nota para o professor - criar exercícios adicionais mais simples ou mais complexos que o apresentado acima, de acordo com o aproveitamento dos alunos. Cronometrar o tempo que cada aluno leva para identificar o trecho todo sem erros. Esse tipo de exercício perderá o valor se o aluno decorar o trecho. Para que tal não aconteça, o professor deverá criar diferentes exemplos. Um outro exercício que pode funcionar como treino de leitura é o do tipo "identifique a música", em que o professor escreve no quadro-negro ou no caderno do(s) aluno(s) um trecho de uma música conhecida de todos para que o aluno, ao ler ou tocar as notas escritas, identifique a música.

Lembrete - O treinamento com o Pentacórdio Blues deve ser diário. Toque no mínimo dez vezes por dia. Não deveremos sentir qualquer desconforto causado por contração dos ombros, braços, pulsos e mãos.

Devemos tocá-lo em andamento lento e articulando bem os dedos, conforme demonstrado anteriormente. Use a bateria eletrônica, se possível.

☐ Treinamento técnico com Pentacórdio Blues (fá maior)

Ritmo : Swing

Atenção : lento e articulando os dedos!

☐ Questionário nº 8

1) Como são separadas as frases umas das outras?

2) Quais são os sinais de dinâmica que você conhece? Descreva o significado de cada um deles.

3) Assinale com um "x" a resposta correta:

Dentro de um compasso, um sustenido ou bemol altera:

☐ a nota que o mesmo antecede;

☐ todas as notas do mesmo nome dentro de um compasso.

4) Como é representado o *stacatto* e qual é sua função?

LINHAS SUPLEMENTARES

Tanto a mão direita como a esquerda podem atingir uma região (tessitura) que até agora somente uma atingia. É o caso da nota *ré 3* tocada pela mão esquerda e da nota *si 2* tocada pela mão direita. Para tanto, o uso de linhas suplementares se faz necessário, o que, anteriormente, somente era usado pela nota *dó 3*.

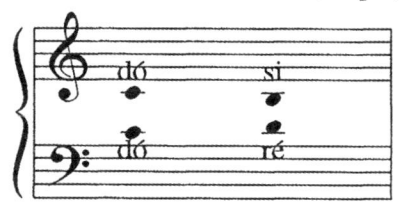

Aqui tivemos *dó 3* e *si 2* escritos na Clave de sol, e *dó 3* e *ré 3* na Clave de fá.

LEGATO

É o contrário de *staccatto*. Significa tocar as notas sem interrupção.

PRELÚDIO EM 3/4

A. Adolfo

Timbre : Piano
Ritmo : Waltz

Observação : tocar *legato* (ligando as notas).

REPERTÓRIO ADICIONAL : *Old McDonald* (Leila Fletcher, vol.2).

CASTANHOLA

A. Adolfo

Timbre : Guitar
Ritmo : Rock

□ Copiar

Copiar e dar nome às seguintes notas suplementares :

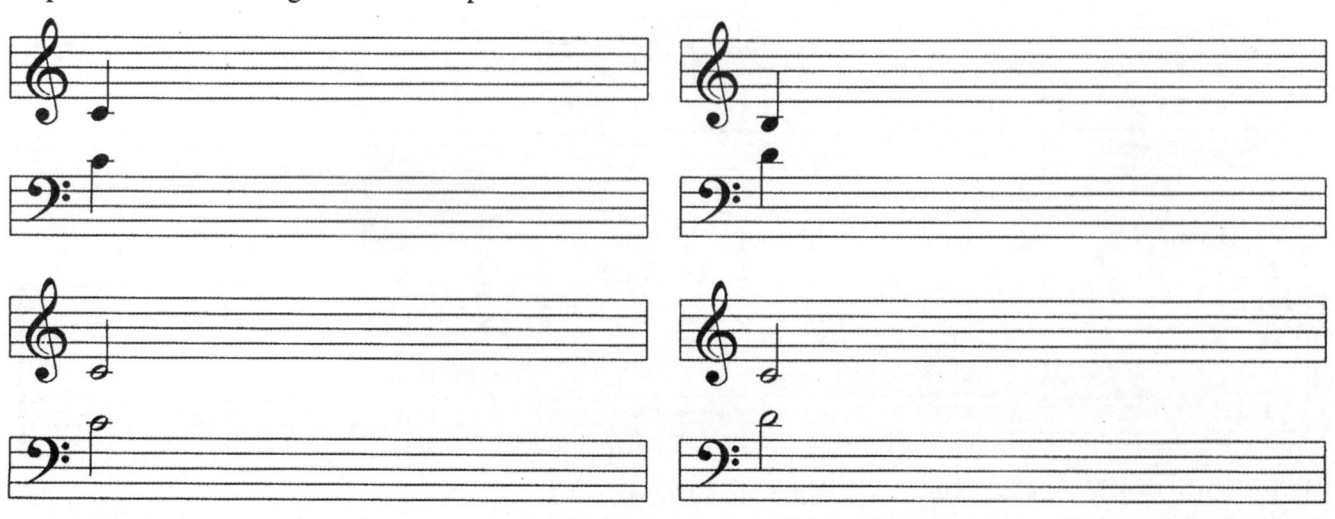

Nota - nem sempre a melodia é tocada pela mão direita. Na canção abaixo, a melodia está na pauta de baixo (Clave de fá), nos oito primeiros compassos. Nos quatro últimos, a melodia está metade na pauta de cima (Clave de sol) e metade na pauta de baixo (Clave de fá).

NOSTÁLGICA

A. Adolfo

☐ Treinamento rítmico

Preencher os compassos, usando as figuras rítmicas dadas até agora. Tocar, usando sempre a mesma nota do teclado, os ritmos que você escrever.

Procure escrever ritmos que não fiquem muito difíceis para ler. Procure variar bastante.

Exemplo com ritmo variado, mas de fácil leitura :

Tentar evitar situações como a que apresentamos a seguir :

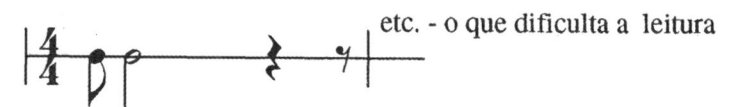

etc. - o que dificulta a leitura

Procurar sempre dividir por tempos : tempo 1, tempo 2, tempo 3, tempo 4, para facilitar a leitura.

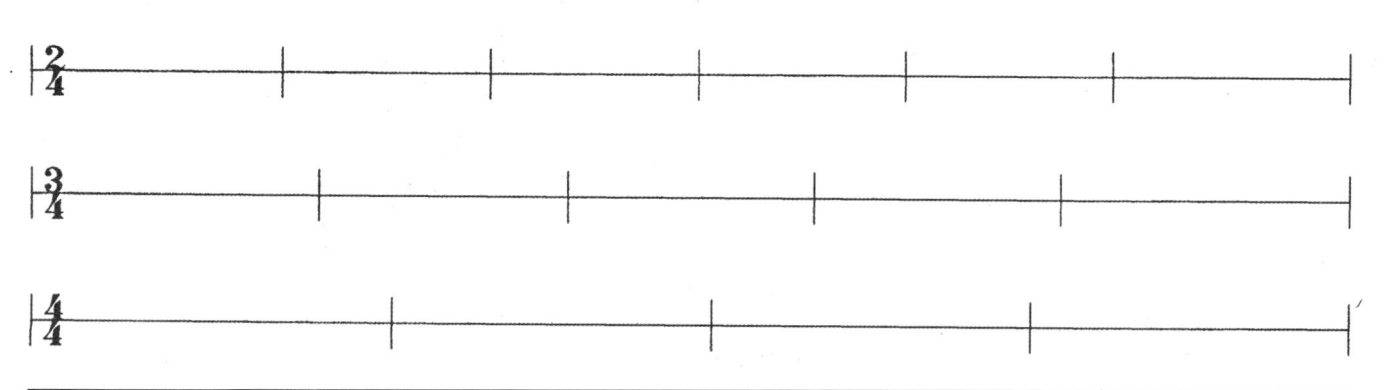

☐ Treinamento técnico com Pentacórdio Blues (mi maior)

Atenção : lento e articulando os dedos!

☐ Questionário nº 9

1) Defina as linhas suplementares.

2) O que significa *legato*?

3) Quando uma nota vier ligada a outra igual, deveremos tocá-la de novo?

4) A melodia tem de ser sempre tocada pela mão direita?

ESTILOS QUE USAM O PADRÃO *SHUFFLE*

Em estilos como o Blues, o Swing, Slow Rock, Xote e March (Marcha Inglesa), usamos para colcheias agrupadas uma interpretação diferente:

A primeira colcheia de cada tempo tem valor maior. Vamos considerar um grupo de duas colcheias:

A primeira colcheia valerá 2/3 (dois terços), enquanto a segunda somente 1/3 (um terço).

É como se dividíssemos a batida do tempo em três e, daí, a primeira colcheia ficasse com duas partes e a segunda ficasse com a terceira parte:

O resultado disso é o que chamamos de " padrão *shuffle* ". Observe os estilos de que falamos acima para entender sua pulsação rítmica.

Mesmo quando encontramos grupos de quatro colcheias, acontece o mesmo:

Portanto, sempre que encontrarmos grupos de colcheias em músicas daqueles estilos, interpretaremos da maneira acima.

FERMATA

O sinal ⌢ , que encontraremos sobre a última nota da música que tocaremos a seguir, significa que deveremos manter aquela nota por mais tempo que sua duração normal. Fermatas podem ser encontradas sobre notas ou sobre pausas, principalmente no último compasso de uma música , para finalização.

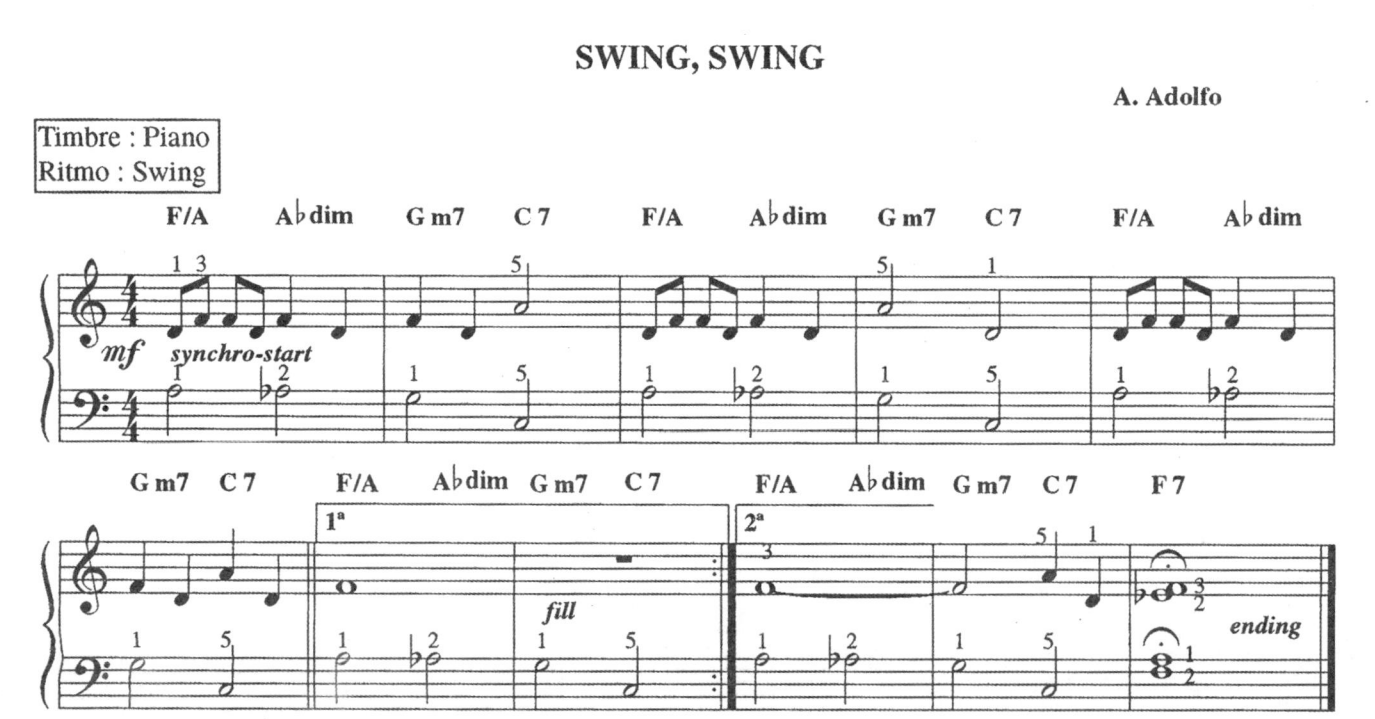

SWING, SWING

A. Adolfo

Treinamento preparatório para leitura com padrão *shuffle*

O treinamento preparatório com leitura de *shuffle* deverá obedecer ao seguinte procedimento:

1) O professor coloca ritmo de swing ou slow rock no teclado, em andamento compatível com o adiantamento do (s) aluno (s).
2) Sugere contagem, batendo palmas:

3) Sugere contagem com grupos de três colcheias, batendo palmas:

☐ Treinamento com leitura rítmica (padrão *shuffle*)

Toque no teclado usando sempre a mesma nota.

Nota para o professor - demonstrar a música Lamento Blues para que o aluno assimile o ritmo com mais facilidade.

LAMENTO BLUES

A. Adolfo

Timbre : Piano
Ritmo : Slow rock ou Swing

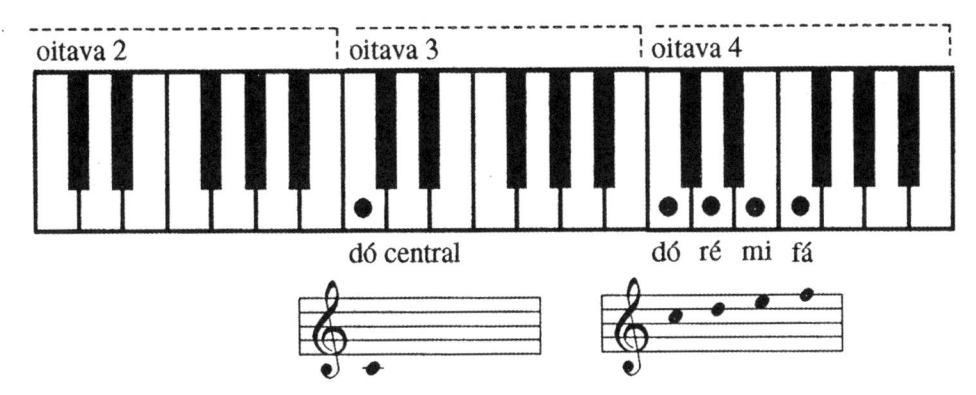

SINAIS INDICADORES DE OITAVA ACIMA E OITAVA ABAIXO

8va ⌐ Sinal indicador de que um determinado trecho de uma música deverá ser tocado uma oitava mais aguda.

8va ⌐ Sinal indicador de que um determinado trecho de uma música deverá ser tocado uma oitava mais grave.

VALSWING

A. Adolfo

Para a música *Valswing*, tocar com a mão esquerda uma oitava mais grave.

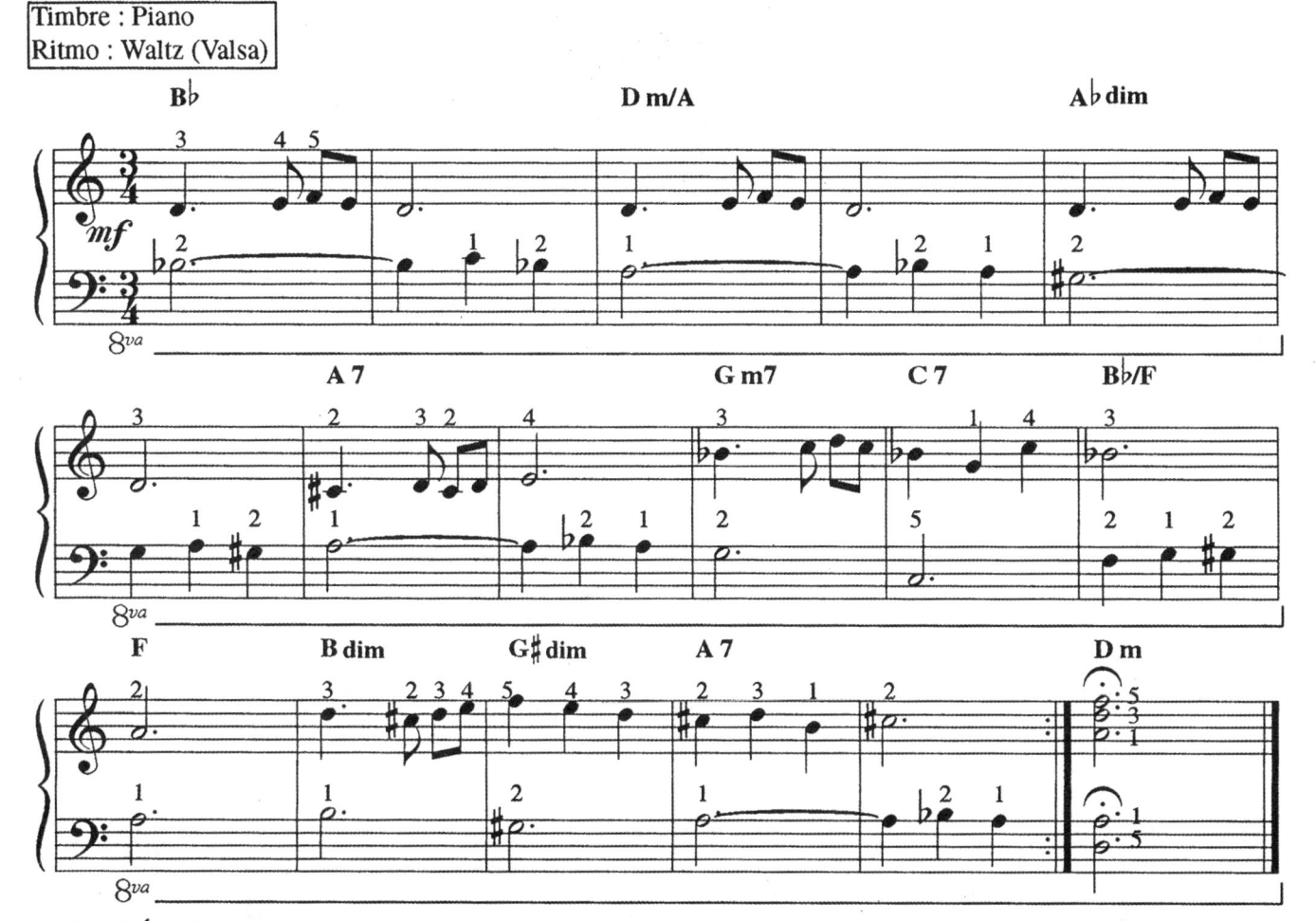

Timbre : Piano
Ritmo : Waltz (Valsa)

REPERTÓRIO ADICIONAL: *Stepping Stones* e *Swaying Silver Birches* (J. Thompson Adult Book - vol. 1) *Lullaby*, *The Bee* e *Motor Cycle Corps* (L. Fletcher, vol. 2).

APPOGGIATURA

É um ornamento musical que consiste numa nota de duração muito breve, que é tocada imediatamente antes da nota que antecede. Não devemos prender a appoggiatura enquanto tocamos a outra nota (nota principal).

A appoggiatura, que é muito usada em Jazz e em Blues, é representada pelo símbolo: ♪

Nota- na música *Coffee Blues*, o ré ♯ é apoggiatura. Portanto, não prenda o ré ♯; simplesmente escorregue o dedo 3 a partir da tecla preta (foto).

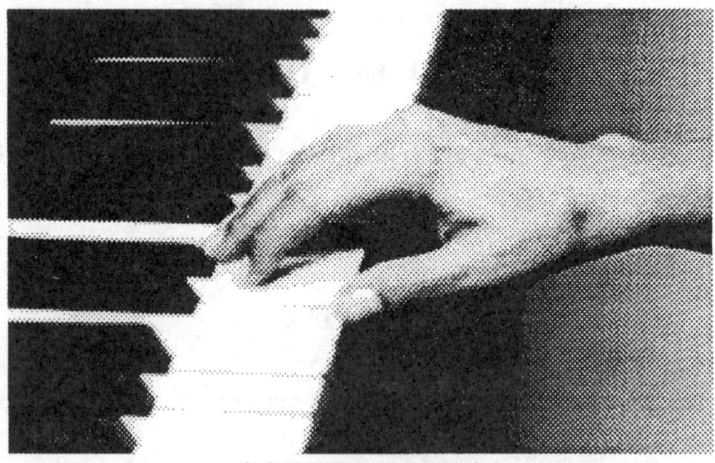

COFFEE BLUES

A. Adolfo

O professor deverá demonstrar a música *Coffee Blues* para que o aluno aprenda o ritmo mais rapidamente.

Ritmo: Swing

☐ Treinamento técnico com Pentacórdio Blues (sol maior)

Ritmo: Swing

☐ Questionário nº 10

1) Explique como fica a divisão do tempo utilizando colcheias com o padrão *shuffle*.

2) Desenhe uma fermata e descreva seu uso.

3) 8va ⌐⎺⎺⎺⌐ significa:

   8va ⌊⎽⎽⎽⌋ significa:

4) Desenhe uma appoggiatura e descreva seu uso.

SEMITOM E TOM

Um semitom é o intervalo de altura (grave/agudo) entre uma tecla e a próxima - tecla vizinha - , quer seja branca ou preta.

Usaremos a abreviação **st** para designar um semitom.

Na maioria das vezes, um semitom é a distância entre uma tecla branca e uma preta, ou vice-versa. No entanto, existe semitom entre *si* e *dó*, e entre *mi* e *fá*.

Observe a figura e tente descobrir os semitons no seu teclado:

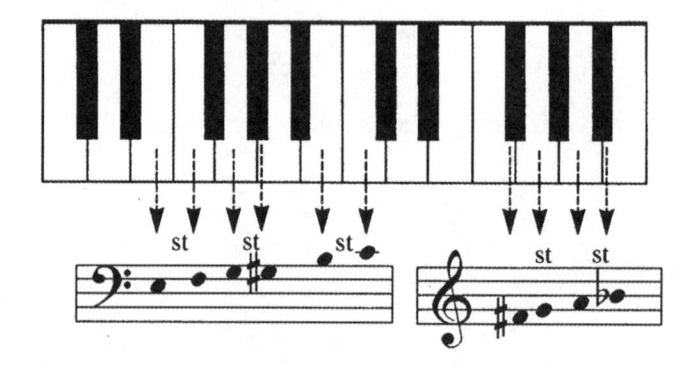

Um tom é o intervalo que corresponde ao dobro de um semitom, ou seja, à soma de dois semitons. Haverá sempre uma tecla (branca ou preta) entre as duas notas.

Nota - usamos também a palavra "tom" para significar tonalidade. Ver mais adiante. Usaremos a abreviação T para representar um tom.

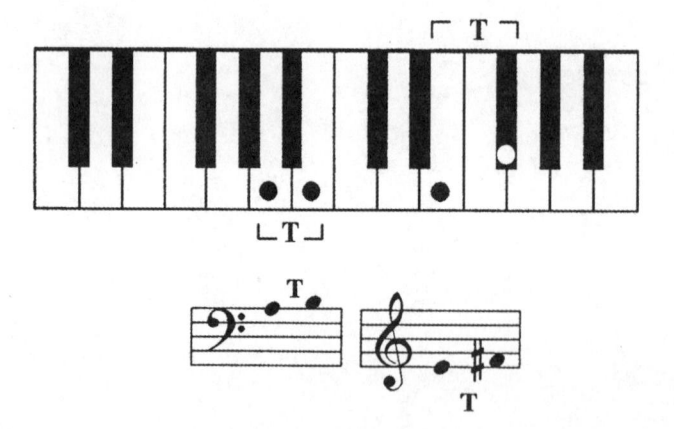

□ Exercício teórico

Então responda :

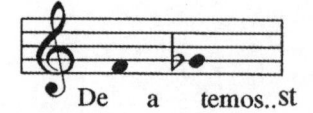

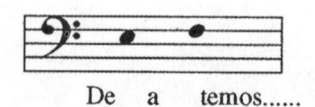

De a temos..st   De a temos......   De a temos......   De a temos......

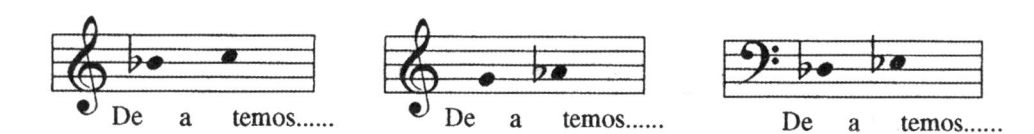

[Exemplos musicais] De a temos...... De a temos...... De a temos...... De a temos......

Tanto no intervalo de semitom como no de tom podemos notar que temos uma nota mais grave e outra mais aguda. Por exemplo:

[Exemplo: st] [Exemplo: T]

□ Exercício teórico

Daremos a nota mais grave do intervalo e o aluno deverá determinar qual será a nota mais aguda conforme o que for pedido:

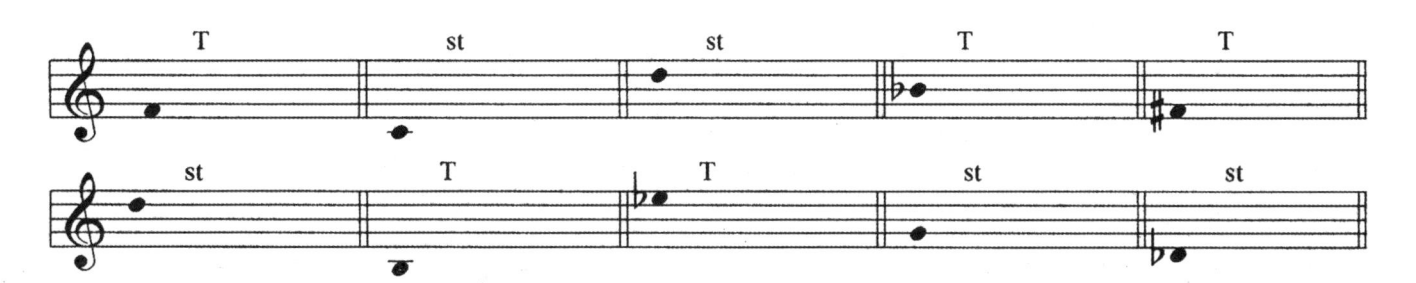

[Exercícios: T, st, st, T, T, st, T, T, st, st]

O COMPASSO C

Costuma-se representar o compasso $\frac{4}{4}$ da seguinte maneira: C

Portanto, a partir de agora, sempre que encontrarmos aquele sinal C, já sabemos: estamos diante do compasso 4/4.

Tacet - é um termo usado para indicar que não deveremos tocar até que se determine o contrário. Na música que tocaremos a seguir, devido ao emprego de *tacet* na primeira vez, só deveremos tocar o que está escrito para a mão direita na repetição.

BOOGIE-WOOGIE

A. Adolfo

Timbre : Piano
Ritmo : Swing

* Passagem do indicador por sobre o polegar.

Tocar a música acima três vezes.

AUMENTO DA EXTENSÃO DO REGISTRO GRAVE

A região do baixo (região grave)

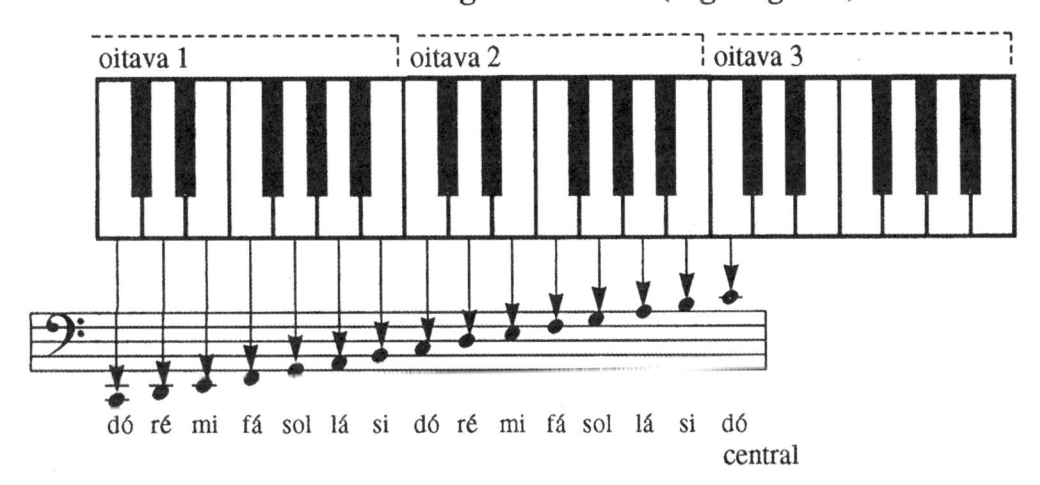

oitava 1 | oitava 2 | oitava 3

dó ré mi fá sol lá si dó ré mi fá sol lá si dó central

Entramos agora pela região do baixo, o que vai enriquecer muito as nossas execuções. A região do baixo encontra-se na oitava 1. Consideraremos, por enquanto, notas a partir do *dó 1*, que usa duas linhas suplementares. É bom lembrar que já estamos trabalhando em quatro oitavas diferentes: 1, 2, 3, e 4.

Nota - a música que apresentaremos a seguir mostra o padrão swing em ritmo de Valsa (Waltz).

PARABÉNS PRA VOCÊ

Arranjo de A. Adolfo

Timbre: Piano
Ritmo: Waltz (valsa)

*   Deveremos levantar a mão direita e posicionar, a fim de tocarmos a nota lá.

** Passagem do indicador por sobre o polegar.

REPERTÓRIO ADICIONAL: *Moccasin Dance* (J. Thompson - Adult Book - vol. 1); *Journey By Train* - parte 1, *Reveille, On Parade, The Cowboy's Song* (L. Fletcher - vol. 2)

☐ Questionário nº 11

1) Defina semitom e tom.

2) Qual é o símbolo usado para representar o compasso $\frac{4}{4}$?

3) O que significa o termo "tacet"?

RITMO: SÍNCOPE SIMPLES

Quando o acento rítmico é deslocado, dizemos que existe síncope. Ou seja, a nota não é tocada simultaneamente com a batida de tempo. A música popular é rica em síncopes, em especial a Música Brasileira e o Jazz.

Nota - colocaremos a letra **S** para demonstrar os momentos exatos em que as síncopes aparecem.

Tipos simples de síncope em compasso **C**:

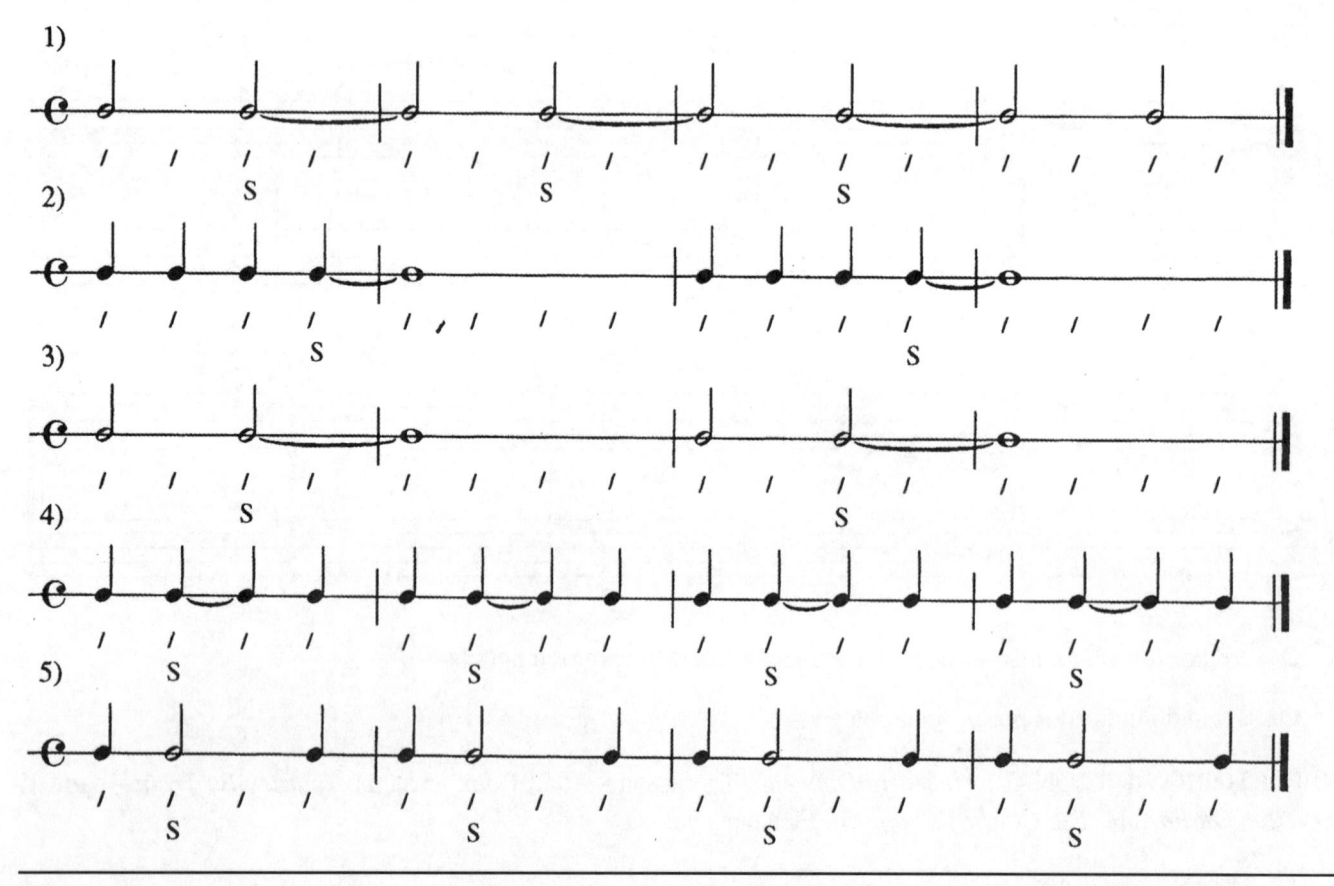

☐ Treinamento com leitura rítmica

1) Cante, marcando o ritmo (tá, tá, tá, etc.).

2) Toque no teclado, sempre com a mesma nota, contando em voz alta.

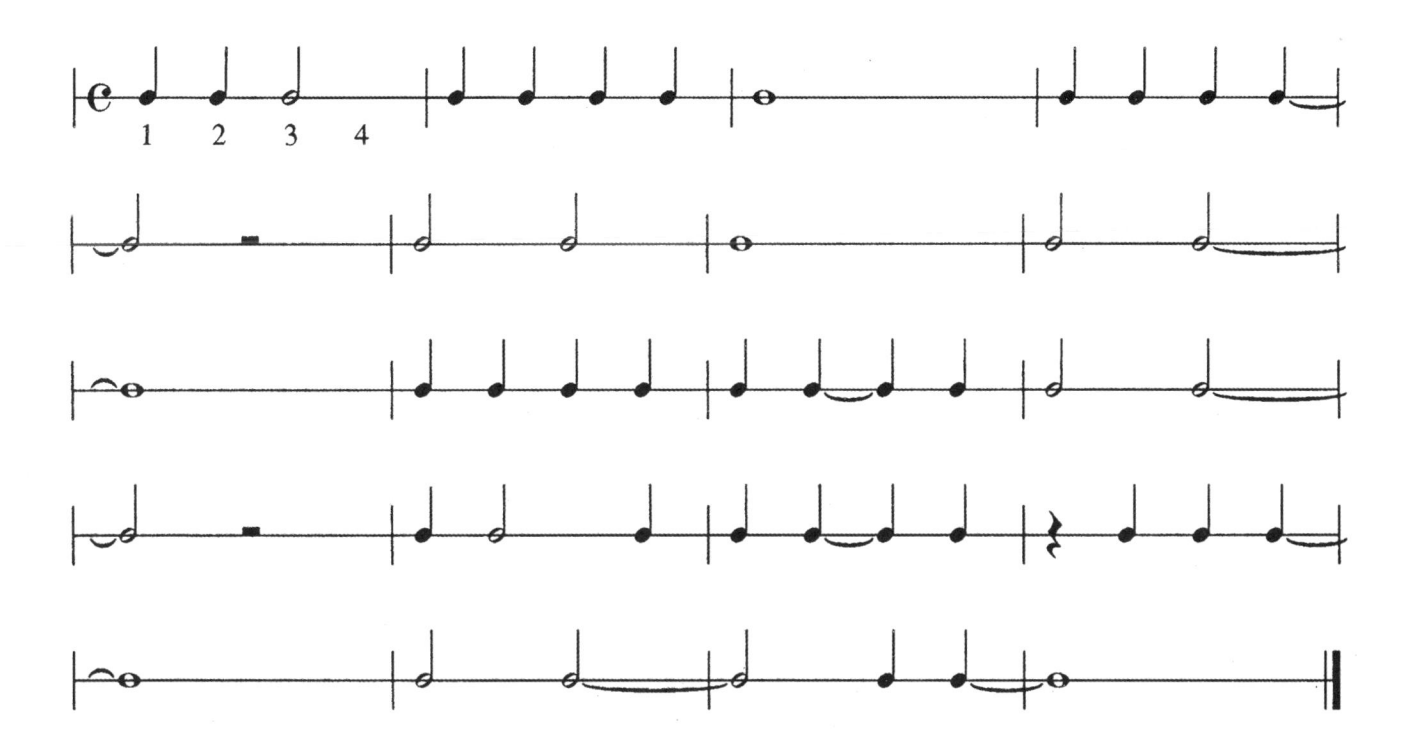

SHY MOON

Caetano Veloso
Arranjo de A. Adolfo

Timbre: Piano
Ritmo: Rock (andamento lento)

ÁGUAS DE MARÇO

Tom Jobim
Arranjo de A. Adolfo

Timbre: Piano
Ritmo: Bossa Nova

* passagem do polegar por baixo do indicador

Intro: Tecla existente nos *home keyboards*, que efetua contagem de tempos de um compasso antes do ritmo escolhido começar a pulsar (nota: já deverá ter sido usado por ocasião da música *Blues n °2*).

Roteiro de arranjo: para a música que apresentamos a seguir, o aluno deverá seguir o roteiro sugerido. É importante que esse tipo de trabalho seja incentivado pelo professor.

Roteiro para o *Rock Progressivo*:

1) Acionar a tecla "intro", que contará quatro tempos antes do ritmo rock começar;
2) Repetir algumas vezes a introdução (***rep. ad libitum***);
3) Quando o aluno decidir, começar a executar o tema. É importante acionar a tecla ***fill*** um compasso antes de cada parte da música: (A), (B) e (C);
4) Tocar toda a música com respectivos *ritornellos* e encerrar com ***ending***.

ROCK PROGRESSIVO

A. Adolfo

Timbre: Órgão (organ)
Ritmo: Rock

Toda vez que encontrarmos o sinal ♮ (bequadro), antecedendo uma nota, este anulará qualquer ♭ ou ♯ que tenha aparecido dentro do mesmo compasso. Se anteceder uma nota que conste da armadura, a mesma será natural dentro daquele compasso.

BALADA

A. Adolfo

Timbre: Piano
Ritmo: Rock (lento)

* Não considerar a fermata para primeira vez.

REPERTÓRIO ADICIONAL: *Nocturne* (J. Thompson - vol. 1); *The Jungle Band, Turkey in The Straw* (L. Fletcher - vol. 2)

☐ Treinamento com leitura de notas

Ler - dizer o nome ou tocar no teclado - a seguinte seqüência de notas (o professor deverá criar exercícios similares no quadro-negro, cronometrando o tempo que cada aluno leva para ler o trecho todo sem erros):

☐ Treinamento com leitura rítmica

1) Solfejar o ritmo, marcando as batidas de tempo com a mão ou com o pé;
2) Tocar, repetindo a mesma nota no teclado e contando em voz alta;
3) Ler também na forma *shuffle*.

ASPECTO TEÓRICO DO PENTACÓRDIO MAIOR

A harmonia ajuda a vestir a música (complementa a música). Para tanto, é muito importante o uso dos acordes. Os acordes são formados por três ou mais notas que podem ser tocadas simultaneamente ou de forma arpejada (uma após a outra).

Para entendermos a formação dos acordes, a melhor maneira é sabermos como construir os pentacórdios (ou pentacordes) maiores.

Lembramos que já tocamos alguns pentacórdios anteriormente (blues).

Tomemos qualquer nota como base e seguimos o modelo.

Por exemplo, pentacórdio de dó maior:

pentacórdio de dó maior

Formato do pentacórdio maior

No pentacórdio maior temos:
T (tom)
  entre I e II graus
      II e III graus
      IV e V graus
st (semitom)
  entre III e IV graus

Já sabemos formar tons e semitons, e assim fica fácil formarmos qualquer pentacórdio:

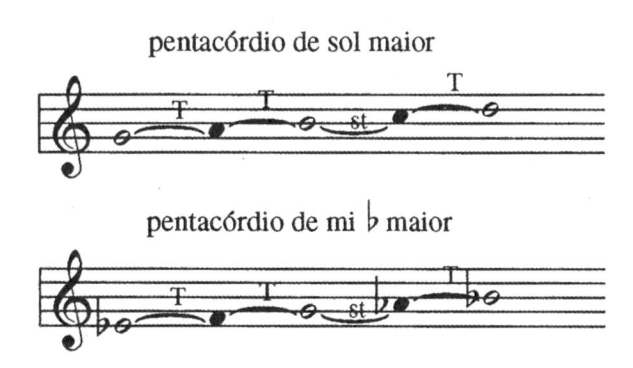

pentacórdio de sol maior

pentacórdio de mi ♭ maior

□ Exercício teórico

Seguindo os modelos acima, forme pentacórdios maiores a partir das seguintes notas:

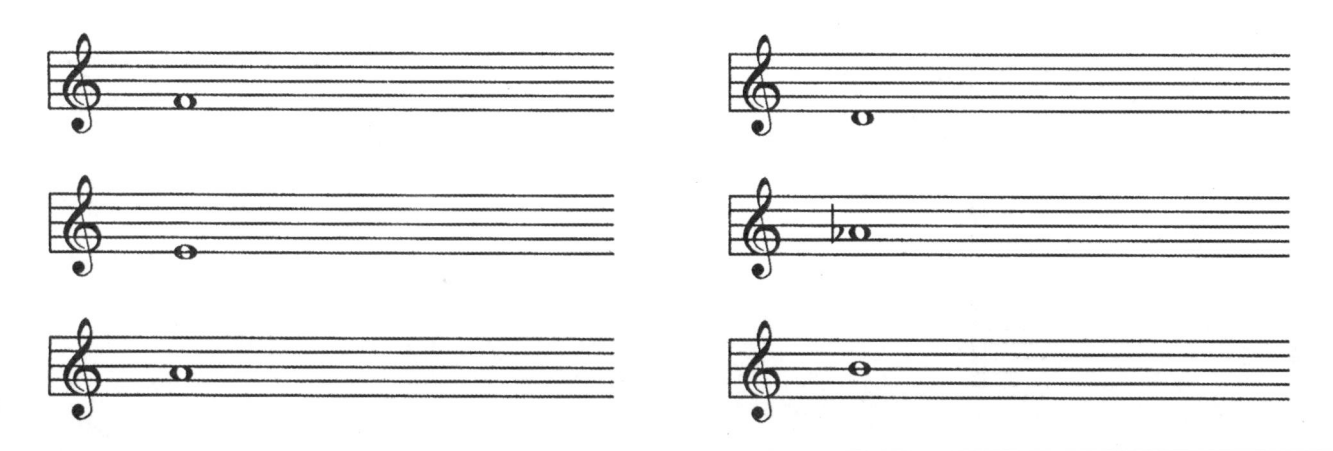

Nota importante - Na música que apresentaremos a seguir, o aluno deverá tentar atingir "certa" velocidade, sem contrair mãos, braços e/ou ombros. Deverá tocar repetidas vezes até atingir o maior desembaraço possível.

DANÇA DOS PENTACÓRDIOS

A. Adolfo

Timbre: Piano
Ritmo: March (Marcha)

DUAS LINHAS SUPLEMENTARES:

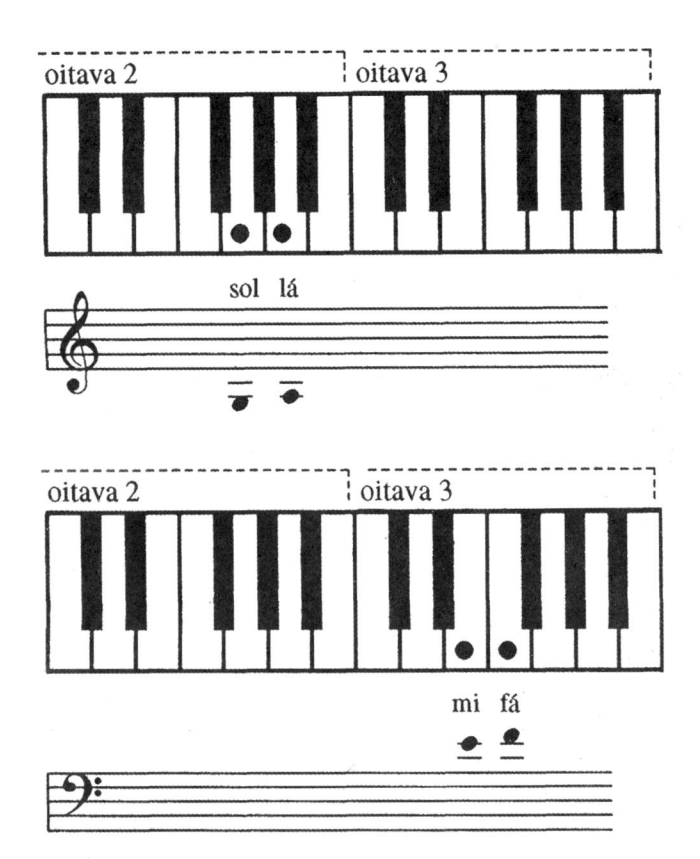

Como podemos notar, essas novas notas escritas com linhas suplementares têm correspondência com notas sem linhas suplementares:

lá é igual a lá.

mi é igual a mi

sol é igual a sol

fá é igual a fá

☐ Treinamento com leitura de notas

Identificar as seguintes notas:

BEQUADRO:

Como já vimos anteriormente, toda vez que encontrarmos o sinal ♮ (bequadro), antecedendo uma nota, este anulará qualquer ♭ (bemol) ou ♯ (sustenido) que tenha aparecido dentro do mesmo compasso. Se anteceder uma nota que conste da armadura, a mesma será natural dentro daquele compasso.

Nota - em música popular não se costuma separar as frases por meio de ligaduras de expressão. No entanto, o aluno poderá fazê-lo a seu critério, observando o fraseado melódico. A música *Passa, passa, passará* (pág. 78) é do estilo *Canção* e por isso deverá ser tocada de forma *legato*.

PASSA, PASSA, PASSARÁ

A. Adolfo
Letra: X. Chaves
P. Tapajós

Timbre: Piano

♩=80 (batidas por minuto)

* Passagem do dedo 2 sobre o polegar.

* Passagem do dedo 3 sobre o polegar.

METRÔNOMO

O sinal ♩=80, que aparece na música anterior, corresponde à indicação do andamento com que devemos executá-la -oitenta batidas de semínima por minuto. Essa velocidade é especificada por um aparelho chamado **metrônomo**. É muito comum encontrarmos em "baterias eletrônicas", bem como em "seqüenciadores", indicação de andamento de forma similar à que estamos apresentando.

BALADA DAS LUZES

A. Adolfo

☐ Questionário nº 12

1) Definir síncope. Escreva um exemplo com síncope em compasso **C**.

2) Para que serve a tecla *intro* existente nos **home keyboards**?

3) O que significa "repetir *ad libitum*"?

4) Como formarmos um pentacórdio maior?

5) Para que serve o bequadro? Desenhe um bequadro.

6) Explique a função do metrônomo.

O COMPASSO ¢

Costuma-se utilizar o compasso ¢, também conhecido como $\frac{2}{2}$ para se contar em dois tempos o que normalmente seriam quatro tempos num compasso C ou $\frac{4}{4}$.

Sua utilização é muito eficiente para músicas em que a contagem de quatro tempos exigiria um andamento muito acelerado. Dessa forma fica mais confortável contar os tempos de dois em dois: pulsação binária.

Vejamos o seguinte exemplo contando-se a quatro e a dois:

a quatro:

a dois: (mais acelerado)

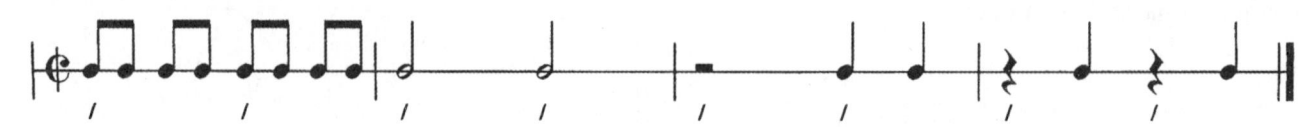

O resultado sonoro é o mesmo, porém se contarmos a dois, poderemos tocar com maior velocidade, sem termos o desconforto de uma contagem de tempo muito rápida. O aluno poderá tirar a dúvida ao tentar tocar os exemplos acima contando quatro ou dois tempos para cada compasso.

Uma outra particularidade que ocorre com o compasso ¢ é a maneira como se escreve o que está contido em um tempo.

Por se tratar de dois tempos por compasso, normalmente une-se as colcheias de acordo com a contagem dos tempos. Por exemplo:

Ao invés de escrevermos:

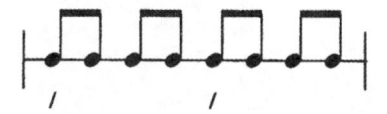

Passamos a escrever da seguinte forma:

□ Treinamento com leitura rítmica

a) Solfejar o ritmo marcando as batidas de tempo.

b) Tocar, repetindo a mesma nota no teclado, contando em voz alta.

□ Treinamento adicional com leitura rítmica

Realizar os exercícios anteriores em $\mathbf{C}$ compasso $\frac{4}{4}$ e também na forma *shuffle* $\frac{4}{4}$.

CHORINHO

A. Adolfo

Timbre: Piano

♩=112

*Passagem do polegar por debaixo do dedo 2.

☐ Treinamento com leitura de notas

Identifique, tão rápido quanto possível, as seguintes notas:

Nota importante - convém assinalar que o aluno já deverá estar dominando com certa facilidade o uso das teclas *intro, fill, ending e synchro-start*, bem como deverá estar apto a criar seus arranjos com introdução, repetições, etc.

ASTROFOLIAS

A. Adolfo
Letra: X. Chaves
P. Tapajos

Timbre: a escolha do aluno
Ritmo: Galope ou Disco
$\quarternote = 88$

☐ Check-up nº 3

Cheque se você tem feito os seguintes treinamentos:

1) Pentacórdio Blues (em andamento lento e articulando bem os dedos).
2) Leitura rítmica até que fique perfeita.
3) Leitura de notas.

Como andam:

1) Sua precisão rítmica?
2) Relaxamento de ombros, braços, pulsos e mãos?
3) Articulação do movimento dos dedos?

Tecladista, responda:

1) Tem usado os diferentes ritmos e timbres sugeridos?
2) Tem feito uso das teclas de apoio (*intro, synchro-start, fill*, etc.)?

Perguntas adicionais para pianista e tecladista

1) Você tem respeitado os dedilhados sugeridos?
2) Tem respeitado fraseado e dinâmica?
3) Tem feito os exercícios teóricos e respondido aos questionários?
4) Quantas vezes por semana você tem praticado?
5) Tem respeitado indicações de ritornello, casa de 1ª, e de 2ª vez?

AUMENTO DA EXTENSÃO DO REGISTRO AGUDO

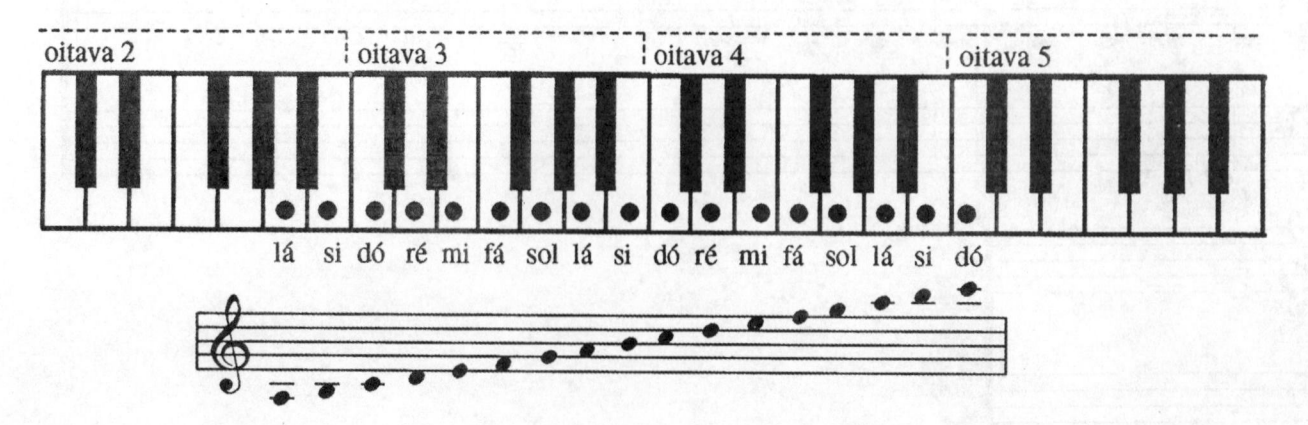

VALSA DE CHOPIN

F. Chopin
Arranjo de A. Adolfo

Timbre: Piano

legato

p

* note que também podemos usar pausa pontuada

ralentando

Nota - ralentar significa diminuir gradativamente o andamento. Podemos também usar outras abreviações para ralentar: *rall, ritard ou rit*.

REPERTÓRIO ADICIONAL: *On An Irish Green* (J. Thompson - Book 1); *The Lonesome Pine* (J. Thompson - Book 1).

☐ Questionário nº 13

1) Como podemos também representar o compasso $\frac{2}{2}$?

2) O que significa "ralentar"?

3) Que outras abreviações podem ser usadas para significar "ralentar"?

ACALANTO

Dorival Caymmi
Arranjo de A. Adolfo

Timbre: Piano

♩=92

(A)

*prender a nota ré enquanto tocar as notas de baixo (segunda voz)

*passagem do dedo 2 por sobre o polegar

(B)

pp   *fim*

ACORDES DE TRÊS SONS/TRÍADES MAIORES E MENORES

Dá-se o nome de tríade ao acorde de três sons. Para obtermos uma tríade maior, basta extrairmos a primeira (fundamental), a terceira e a quinta notas de um pentacórdio maior e dispor uma sobre a outra. Para transformarmos uma tríade maior em menor, basta diminuirmos de um semitom a nota intermediária da tríade maior.

Vejamos um exemplo:

As notas da tríade poderão ser tocadas simultaneamente (como acima) ou de forma arpejada (abaixo):

Cifragem das tríades

Os acordes são normalmente representados por "cifragem", que é um código usado para simplificar sua leitura. Eis alguns exemplos com cifragem de tríades:

A = acorde de lá maior
B = acorde de si maior
C = acorde de dó maior
D = acorde de ré maior
E = acorde de mi maior
F = acorde de fá maior
G = acorde de sol maior

Am = acorde de lá menor
Bm = acorde de si menor
Cm = acorde de dó menor
Dm = acorde de ré menor
Em = acorde de mi menor
Fm = acorde de fá menor
Gm = acorde de sol menor

Nota - sustenidos e/ou bemóis podem ser incorporados à cifragem. Exemplos:

A♭m   F♯   B♭   C♯m
Lá♭ menor   Fá♯ maior   Si♭ maior   Dó♯ menor

Portanto, para formar uma tríade, seja ela maior ou menor, o melhor caminho é recorrer ao pentacórdio maior. O raciocínio deverá seguir a seguinte ordem:

1) Formar o pentacórdio maior.
2) Dispormos uma sobre a outra, as três notas do acorde: fundamental, terça e quinta.
3) Se o acorde pedido for uma tríade maior, não precisamos fazer mais nada; se o acorde pedido for uma tríade menor, simplesmente diminuímos um semitom da nota intermediária (terça) da tríade maior.

Nota - depois de praticarmos dessa maneira, a tríade será formada automaticamente, sem precisarmos recorrer a todo esse procedimento.

☐ Exercício teórico

Formar (escrever e tocar) as seguintes tríades:

Nota - os acordes deverão ser escritos na Clave de sol e, tocados pela mão direita, sendo o baixo (fundamental do acorde) tocado pela mão esquerda.

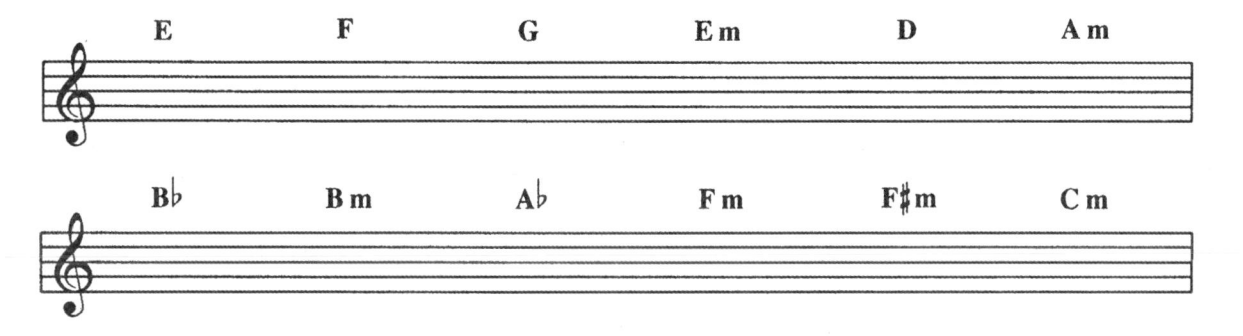

E   F   G   Em   D   Am

B♭   Bm   A♭   Fm   F♯m   Cm

Para identificarmos um acorde escrito, deveremos elaborar o raciocínio da seguinte forma:

A partir da nota mais grave do acorde, formamos um pentacórdio maior e verificamos se a nota intermediária do mesmo é a terceira nota do pentacórdio. Se for, estaremos diante de uma tríade maior. No caso de a terceira nota do pentacórdio ser um semitom (meio tom) mais alta (aguda) do que a nota da tríade, estaremos diante de um acorde menor. Exemplo:

acorde dado

pentacórdio de sol maior
-a nota sol é a mais grave

R - constatamos que a terceira nota do pentacórdio (si) é meio tom mais aguda do que a nota intermediária do acorde; por conseguinte, estamos diante de uma tríade menor: **Gm** (sol menor)

☐ Exercício teórico

Identifique as seguintes tríades :

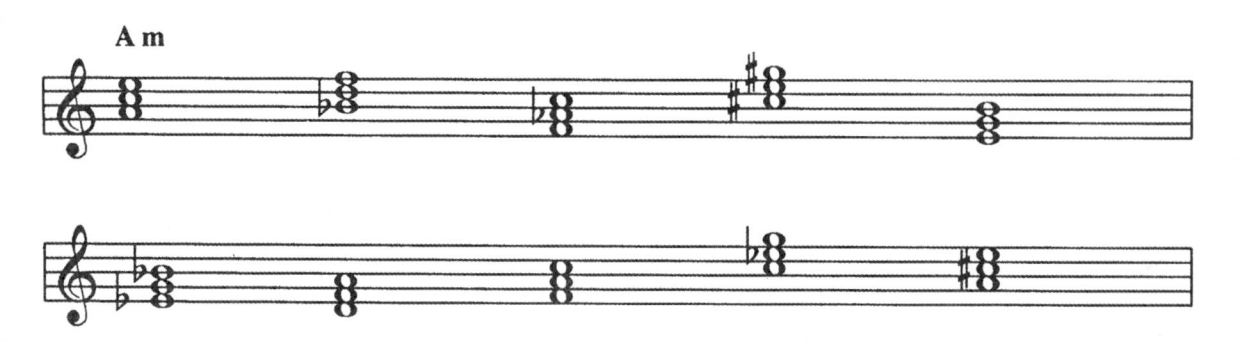

Am

No teclado (incluindo piano), as tríades são também tocadas pela mão esquerda.

☐ Treinamento com tríades

1) Tocar com a mão esquerda as tríades dos dois exercícios anteriores.

2) Tocar a seguinte seqüência de acordes (ler observações colocadas logo a seguir):

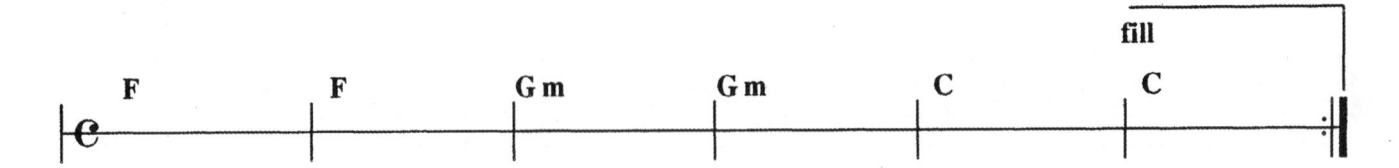

Para tecladistas :

Treinamento com tríades usando **fingered** (acompanhamento automático com acordes) na forma abaixo:

Usar diferentes estilos (Rock, Swing, Disco, March, etc.).

Durante o último compasso, apertar o botão *fill* (prenchimento rítmico).

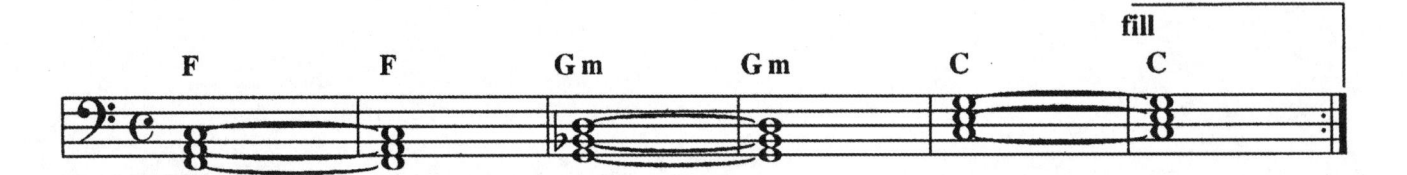

Para pianistas, as notas (semibreves) não deverão estar ligadas:

A partir de agora, todas as músicas que estiverem cifradas serão escritas somente em uma pauta (a que utiliza a Clave de sol). No entanto, desta vez ainda deixaremos a pauta que utiliza a Clave de fá, para que o aluno possa saber como utilizar a mão esquerda.

Dicas para o tecladista:

Aperte o botão *fill* na casa de 1ª. vez, para a bateria preencher aquele compasso.

Aperte o botão *ending* na casa de 2ª.vez, para a bateria finalizar a música.

Crie um roteiro para o arranjo.

NAVE 3000

A. Adolfo

Timbre: Piano
Ritmo: Rock (lento)

☐ Questionário nº 14

1) Qual o nome que se dá a um acorde de três sons?

2) Que nome se dá à primeira nota de um pentacórdio?

3) Como é formada a tríade maior?

4) Como é formada a tríade menor?

5) Que nome se dá ao código usado para simplificar a leitura dos acordes?

6) Podem as notas de um acorde ser tocadas de forma arpejada?

7) Indique a cifragem correta, ligando a cifragem ao nome de acorde:

B	ré maior
Gm	sol menor
B♭	fá menor
Fm	si maior
G	si bemol maior
D	dó menor
Cm	dó sustenido maior
A♭	sol maior
C♯	lá bemol maior
Em	mi menor

SÍNCOPES FREQÜENTEMENTE USADAS EM COMPASSOS C OU ₵

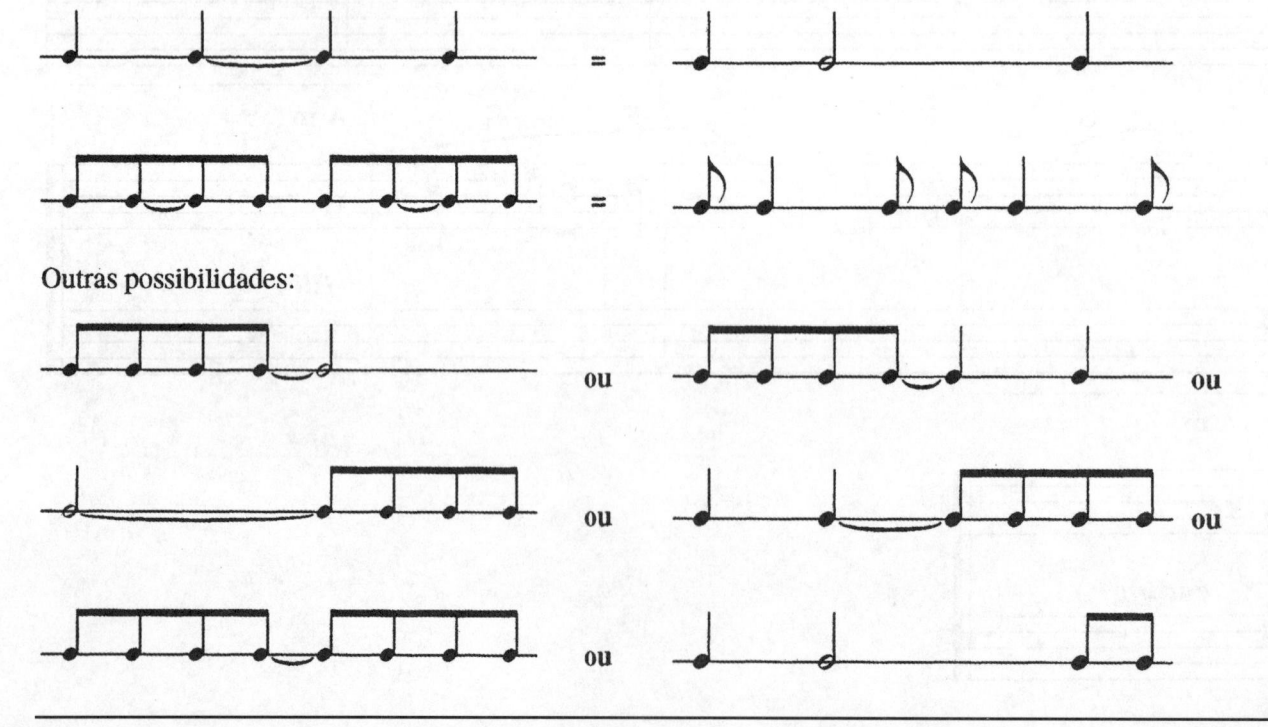

Outras possibilidades:

1) Solfejar os ritmos sincopados da página anterior, marcando os tempos com a mão ou com o pé.

2) Tocar, contando em voz alta, usando sempre a mesma nota do teclado, os ritmos sincopados acima, repetindo cada um no mínimo dez vezes. Ler em C e em ¢. Ler também usando a forma *shuffle* no compasso C.

□ Treinamento com leitura rítmica

Usando as combinações abaixo, treinar primeiramente em C e depois em ¢. Usar o mesmo procedimento *especificado* acima.

1)

2)

O MENINO PERDIDO

A. Adolfo
Letra: P. Tapajos

Timbre: Piano ou clarinete

> = acento forte

É nosso intuito que o aluno crie seus próprios arranjos, libertando-se aos poucos da partitura (música escrita). A música que apresentaremos a seguir inicia-se com quatro compassos de ritmo *Slow rock*, sem que o aluno precise tocar a melodia. Aproveite o quarto compasso da introdução para preencher com "virada" (*fill*) e então comece a tocar o tema (A). Se quiser, use contagem *intro*. Não se esqueça de que a contagem deverá ser de quatro tempos, conforme explicamos anteriormente.

Sugestão: crie um final para a música que você tocará a seguir, usando a tecla ***ending***.

Nota - Muitas vezes, o padrão *swing* ou *shuffle* é representado por uma colcheia pontuada seguida de uma semicolcheia, como acontece na música a seguir.

SLOW ROCK

A. Adolfo

Treinamento técnico ao teclado

A partir de agora, iniciaremos um outro tipo de treinamento técnico ao teclado ou piano, que deverá ser adicionado ao treinamento do Pentacórdio blues.

É um treinamento que visa adquirirmos velocidade e independência dos dedos, tanto da mão esquerda quanto da mão direita. Além disso, visa também adquirirmos precisão. Consiste em tocarmos cada pentacórdio de diferentes maneiras, como no exemplo a seguir. A cada semana mudaremos de pentacórdio, seguindo a seguinte ordem: dó, sol, ré, lá, fá , mi, si, si ♭, mi ♭ .

Nota - deveremos tocar num andamento em que não atropelemos. Não adianta tocarmos mais rápido do que o andamento em que conseguirmos natural precisão. Deveremos tocar muitas vezes, procurando sempre atingir um pouco mais de velocidade, porém sem contrairmos os ombros, braços e pulsos. É preciso muita atenção para que não façamos o treinamento de maneira errada.

Esse treinamento deverá ser intercalado com o do Pentacórdio blues e deverá ser diário.

Pentacórdio: Treinamento técnico de velocidade

Exemplo em dó:

□ Exercício teórico

Forme as seguintes tríades:

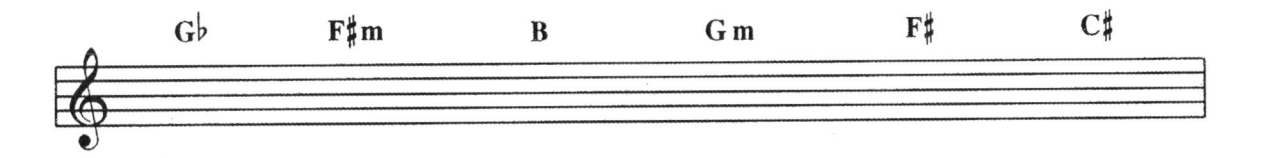

Gb   F#m   B   Gm   F#   C#

GAROTA DE IPANEMA

Tom Jobim e Vinicius de Moraes
Arranjo de A. Adolfo

TRÍADE AUMENTADA

Para obtermos uma tríade aumentada, basta aumentarmos de um semiton a quinta - nota mais aguda - da tríade maior.

Exemplo:

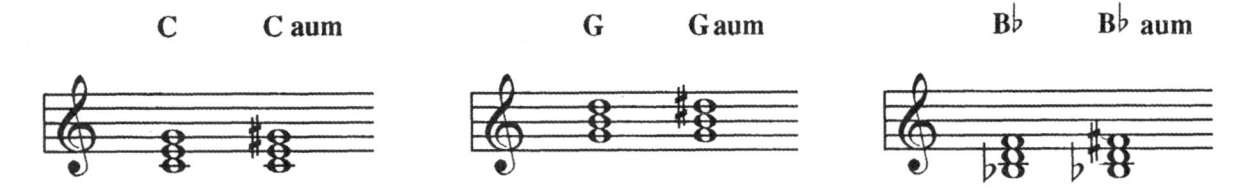

Cifragem da tríade aumentada:

Existem maneiras diferentes de cifrar a tríade aumentada. Vamos considerar uma tríade de dó aumentada:

    Caum   C(#5)   C+

Em nosso livro, adotaremos a primeira opção: **aum**

DOBRADO SUSTENIDO:

Para formarmos certas tríades aumentadas, somos obrigados algumas vezes a recorrer à alteração conhecida como dobrado sustenido, já que temos de usar sempre a primeira, a terceira e a quinta nota do pentacórdio (alterada ou não).

O dobrado sustenido é representado pelo sinal (𝄪)

Exemplo:

    B aum

fá dobrado sustenido
ré sustenido
si natural

Enarmonia em tríades aumentadas:

Temos também de observar que, pelo fato de sermos obrigados a usar sempre os graus de um pentacórdio (primeiro, terceiro e quinto) para formarmos tríades, às vezes chegaremos ao que se chama de enarmonia - notas que só diferem no nome:

    fá (𝄪) ou sol

    dó ♯ ou ré ♭

Assim, no exemplo acima nunca poderíamos chamar a nota mais aguda da tríade **B aum** de *sol*, pois temos de usar o quinto grau do *pentacórdio de si,* que é *fá*, seja ele alterado ou não. Ou seja, qualquer que seja a *tríade de si* (maior, menor, aumentada, etc.), temos de ter um *si*, um *ré* e um *fá* , nunca um *sol*.

☐ Exercício teórico

Forme as seguintes tríades aumentadas (toque no teclado também):
Atenção à clave!

    Daum   Eaum   Faum   E♭ aum   A aum   B♭ aum   A♭ aum   D♭ aum

TRÍADE DIMINUTA

Para obtermos uma tríade diminuta, basta diminuirmos em um semitom a quinta nota mais aguda - da tríade menor.

Exemplo:

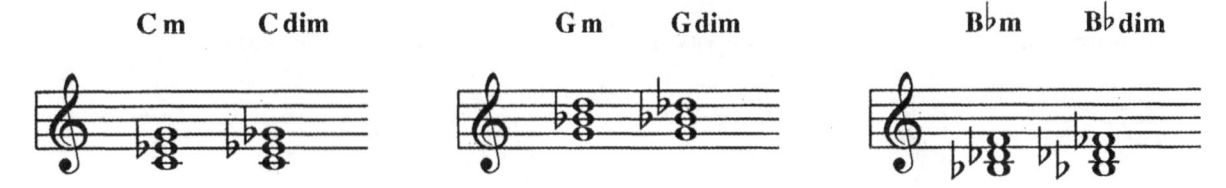

Cifragem da tríade diminuta:

Existem maneiras diferentes de cifrar a tríade diminuta. Vamos considerar uma tríade de dó diminuta:

       Cdim   Cm(♭5)   C°

Em nosso livro, adotaremos a primeira opção: **dim**.

DOBRADO BEMOL:

Para formarmos certas tríades diminutas, somos obrigados algumas vezes a recorrer à alteração conhecida como dobrado bemol, já que temos de usar sempre a primeira, a terceira e a quinta nota do pentacórdio (alterada ou não).

O dobrado bemol é representado pelo sinal ♭♭.

Exemplo:

    E♭ dim

si dobrado bemol
sol bemol
mi bemol

Enarmonia em tríades diminutas:

Temos também de observar que, pelo fato de sermos obrigados a usar sempre os graus de um pentacórdio (primeiro, terceiro e quinto) para formarmos tríades, às vezes chegaremos ao que se chama de enarmonia - notas que só diferem no nome.

    si ♭♭ ou lá
    dó ♭ ou si

Assim, no exemplo acima não poderíamos chamar a nota mais aguda da tríade E♭ dim de *lá* pois temos de usar o quinto grau do *pentacórdio de mi* ♭, que é *si* ♭, alterado ou não. Assim, qualquer que seja a *tríade de mi* ♭ (maior, menor, diminuta, etc.), teremos de ter um *mi* ♭, um *sol* e um *si*, e não um *lá*.

☐ Exercício teórico

Forme as seguintes tríades diminutas (toque tanbém no teclado):

Ddim   Edim   Fdim   C♯ dim   Adim   Bdim   F♯ dim   B♭ dim   E♭ dim

Sugestões para repertório com tríades:
- Songbook dos Beatles
- Songbooks de Rita Lee
- Songbooks de Cazuza
- Songbooks de Dorival Caymmi
- Songbooks de Gilberto Gil
- Songbooks de Caetano Veloso
- Songbooks de Bossa nova
- Songbooks de Tom Jobim
- Songbooks de Vinícius de Moraes
- Songbook de Carlos Lyra
  e outros

Nota importante - para tirarmos bom proveito do uso dos *songbooks*, é preciso que saibamos interpretar a cifragem dos acordes que não são necessariamente tríades, já que muitos desses acordes aparecem nas partituras de maneira diferenciada e seu uso pode ser simplificado sem prejuízo para a harmonia.

Sendo assim, apresentamos a seguir uma tabela de como devemos interpretar os acordes que não são tríades (usaremos exemplos em dó):

para **C7M**	tocar **C**	para **C6**	tocar **C**
para **C7**	tocar **C**	para **C7(9)**	tocar **C**
para **Cm7**	tocar **Cm**	para **C$^6_9$**	tocar **C**
para **Cm7(♭5)**	tocar **Cdim**	para **C 7($^9_{13}$)**	tocar **C**
para **C7M(♯5)**	tocar **Caum**	para **Cm ($^{♭5}_9$)**	tocar **Cdim**
para **Cdim7**	tocar **Cdim**	para **Cm7(9)**	tocar **Cm**
para **C7(♯5)**	tocar **Caum**	para **Cdim(9)**	tocar **Cdim**
para **C7(♭13)**	tocar **Caum**		

Adiante, quando estudarmos as tríades com quarta e as tríades com baixo trocado, consideraremos mais algumas possibilidades.

☐ Exercício teórico

Transforme os seguintes acordes em tríades. Toque-os também.

D 7M   F m7   B♭ dim7   G 7(♯5)

E♭7   F♯7(♭13)   A 7M(♯5)   E m7(♭5)

A dim7   D♭7   C m7(♭5)   B 7(♯5)

☐ Questionário nº 15

1) Qual a diferença entre uma tríade maior e uma tríade aumentada?

2) Cifre de três maneiras diferentes a tríade de sol aumentada.

3) Como é representado e para que é usado o "dobrado sustenido"?

4) O que significa o termo "enarmonia"?

5) Qual a diferença entre uma tríade menor e uma tríade diminuta?

6) Cifre de três maneiras diferentes a tríade de si bemol diminuta.

7) Como é representado e para que é usado o "dobrado bemol"?

Piano e Teclado

Para a música que apresentaremos a seguir, o aluno deverá tocar com a mão esquerda um acorde por compasso (valor: semibreve), a partir do primeiro compasso. Ao iniciar-se a melodia, continue tocando sempre os acordes com a mão esquerda, conforme explicamos acima.

VENICE

A. Adolfo

Ritmo : Rock (lento)

repetir *ad libitum* (várias vezes)
(os quatro últimos compassos)

Nota - na música que apresentaremos agora, o aluno deverá usar somente a mão esquerda até o último compasso, quando a mão direita também tocará o último acorde.

A cifragem escrita poderá ser tocada por outro aluno ou, então, pelo professor. De todo modo, serve como referência para harmonização de blues.

O aluno que dispõe de teclado deverá iniciar a execução da música usando o botão *count* (contagem), que durará quatro tempos (um compasso).

LEFT HAND BLUES

A. Adolfo

TERCINAS

Definição: Dá-se o nome de tercinas a um grupo de três notas de igual duração, equivalendo ao valor de outras notas (normalmente uma, duas ou quatro).

As tercinas podem ser compostas por mínimas, semínimas, colcheias, etc. As possibilidades mais usadas são as compostas por semínimas ou colcheias.

Já utilizamos anteriormente tercinas quando tocamos Blues, Slow rock, Swing, etc.

As tercinas são sempre acompanhadas do algarismo 3 dentro de uma chave superior ou inferior, dependendo se as hastes estão colocadas para baixo ou para cima.

a)

b)

Para se ler tercinas com eficiência, é importante que elaboremos com facilidade a mudança de subdivisão dos tempos. Por exemplo:

Exemplo com compasso quaternário (compasso de quatro tempos):

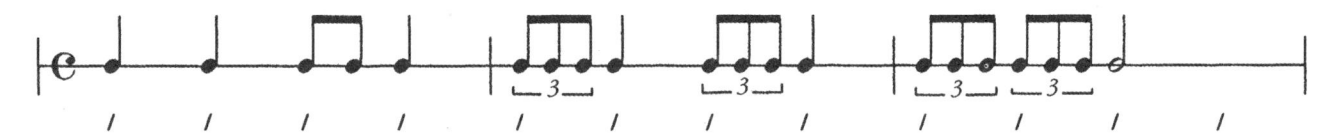

Exemplo com compasso binário (compasso de dois tempos):

Entendidas as tercinas, agora é questão de praticá-las bastante, para que a mudança de subdivisão seja eficiente e natural.

Quando existe uma grande predominância de tercinas, costuma-se transformar o compasso em composto.

COMPASSOS COMPOSTOS (CONCEITO)

Dá-se o nome de compasso composto ao compasso cujos tempos se dividem em três partes cada um. Eis alguns exemplos com compassos compostos:

$\frac{6}{8}$ compasso binário (dois tempos)

$\frac{9}{8}$ compasso ternário (três tempos)

$\frac{12}{8}$ compasso quaternário (quatro tempos)

Como podemos notar, nos compassos compostos não temos necessidade do algarismo 3, já que a subdivisão ternária é predominante.

□ Treinamento com leitura rítmica (compassos simples)

1) compasso quaternário

2) compasso binário

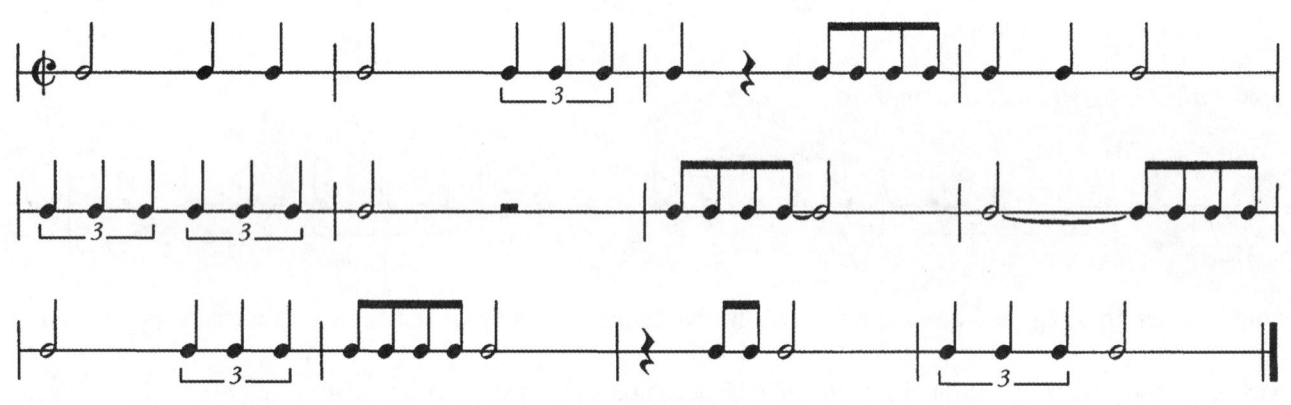

3) compasso ternário

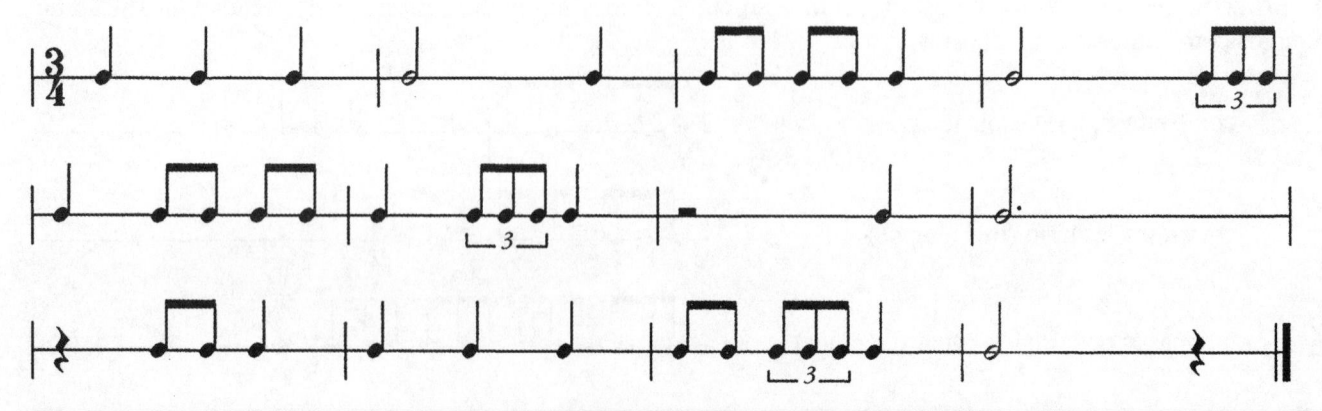

☐ Treinamento com leitura rítmica (compassos compostos):

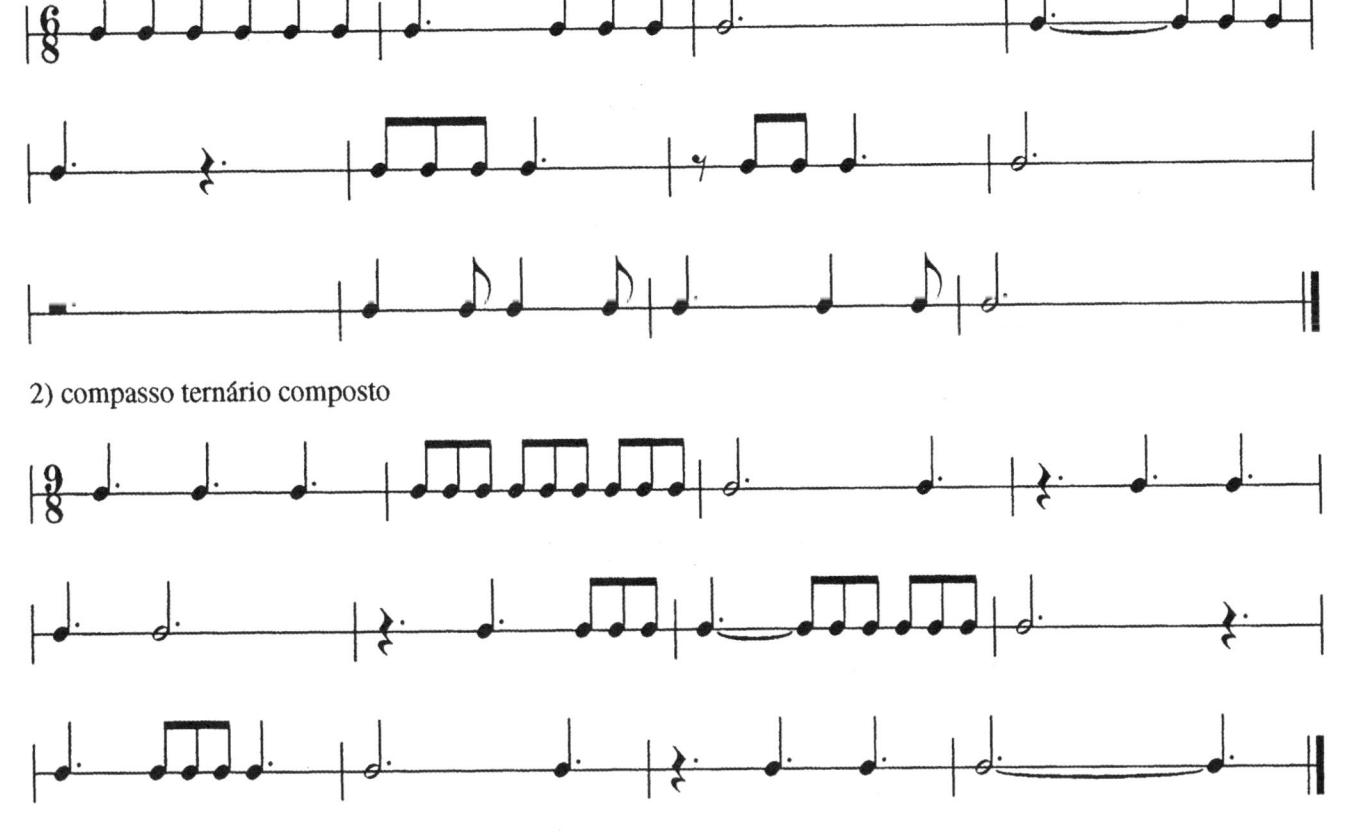

1) compasso binário composto

2) compasso ternário composto

3) compasso quaternário composto

Características dos compassos compostos:

Como podemos notar, nos compassos compostos é comum encontrarmos as seguintes características:

1) ausência de tercinas, já que deixam de sê-lo.
2) pausas pontuadas.
3) semínima pontuada representando unidade de tempo (u.t.).
Nota - unidade de tempo significa a figura que representa um tempo.
4) figuras pontuadas representando unidade de compasso (u.c.):

Nota - unidade de compasso significa a figura que tem o exato valor de um compasso inteiro:

a) para o compasso $\frac{6}{8}$, temos a mínima pontuada;

b) para o compasso $\frac{9}{8}$, temos a mínima pontuada ligada a uma semínima pontuada; e

c) para o compasso $\frac{12}{8}$, temos a semibreve pontuada.

VAIVÉM DO MAR

A. Adolfo

cresc. ou ⟨ significa "crescendo" (aumentando o volume)
dim. ou ⟩ significa "diminuindo" (diminuindo o volume)

ESTUDO EM 6/8

A. Adolfo

Timbre: Piano

☐ Questionário nº 16

1) Defina e exemplifique as "tercinas".

2) Como são representadas as tercinas?

3) Enumere as características encontradas nos compassos compostos.

4) Defina **u.t.** e **u.c.**

5) O que significa *cresc.* e *dim.*?

6) Quais os outros sinais que podem ser usados para significar crescendo ou diminuindo gradativamente o volume?

TONALIDADES MAIORES (ESCALAS)

Se estendermos o pentacórdio maior com mais três notas, chegamos à escala maior. Para tanto, seguimos o modelo da escala de dó maior.

Exemplo com o pentacórdio de dó maior:

Formato:
T T st T

Exemplo com a escala de dó maior:

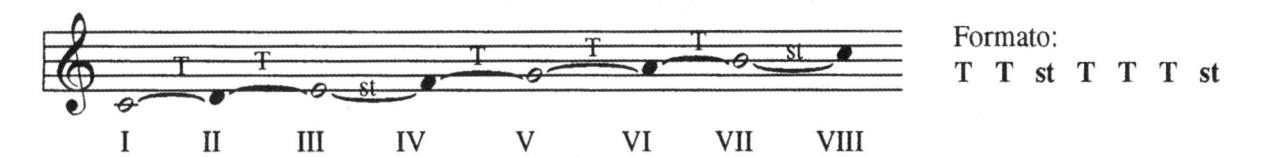

Formato:
T T st T T T st

E a partir do formato da escala maior, chegamos a outras tonalidades maiores.

sol maior:

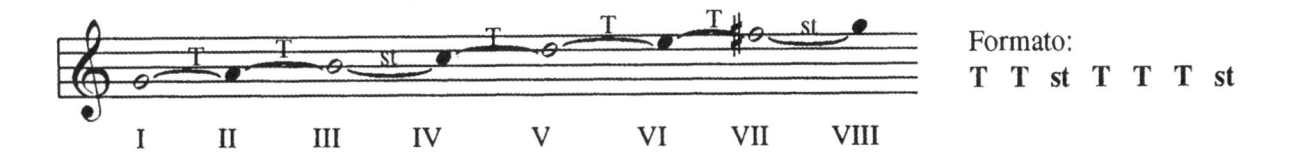

Formato:
T T st T T T st

mi♭ maior:

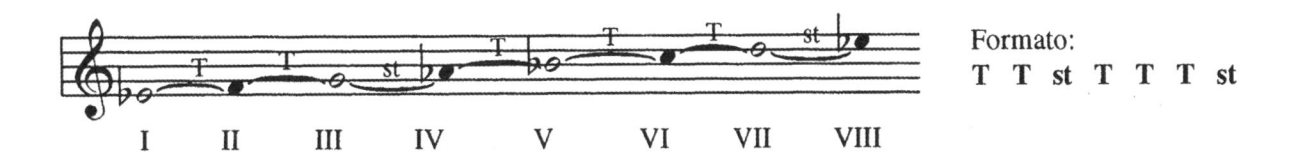

Formato:
T T st T T T st

É importante lembrar que a tonalidade de dó maior não possui armadura.

Se construirmos escalas maiores a partir de todas as notas de uma oitava, chegamos à conclusão de que as tonalidades maiores têm as seguintes alterações (sustenidos e bemóis), aparecendo na ordem que apresentaremos a seguir, através das chamadas "armaduras":

Tonalidades maiores com sustenidos:

(armaduras de sol maior: 1 sustenido; ré maior: 2 sustenidos; lá maior: 3 sustenidos; mi maior: 4 sustenidos; si maior: 5 sustenidos; fá♯ maior: 6 sustenidos; dó♯ maior: 7 sustenidos)

Tonalidades maiores com bemóis:

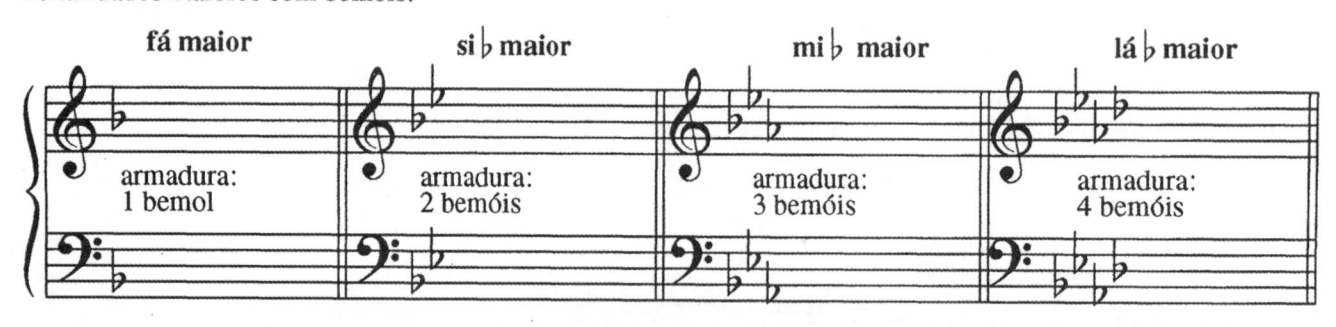

(armaduras de fá maior: 1 bemol; si♭ maior: 2 bemóis; mi♭ maior: 3 bemóis; lá♭ maior: 4 bemóis; ré♭ maior: 5 bemóis; sol♭ maior: 6 bemóis; dó♭ maior: 7 bemóis)

☐ Questionário nº 17

1) Qual é o formato (disposição de tons e semitons) das escalas maiores?

2) Forme as seguintes escalas maiores:
   lá maior, mi maior, si♭ maior e lá♭ maior.

3) Indique as seguintes armaduras:
   fá maior, sol maior, ré maior, mi♭ maior, si maior, ré♭ maior, fá♯ maior

Nota para o professor - pedir outras armaduras e o aluno responder sem consultar o quadro das armaduras. É importante que o aluno entenda como se formam as tonalidades maiores e suas respectivas armaduras.

O ESTUDO DAS ESCALAS MAIORES

Mostraremos a seguir como as escalas maiores deverão ser estudadas no teclado:

Exemplo em dó maior:

O treinamento com escalas maiores deverá obedecer aos seguintes princípios:

1) deverá ser um treinamento constante e, se possível, diário;
2) uma das metas a se atingir é a velocidade, mas sem atropelos, sem contração das mãos, braços e ombros;
3) respeitar o dedilhado é extremamente importante, pois, sem essa observância, seu estudo perderá o efeito;
4) deverá ser escolhida uma tonalidade para cada semana, seguindo a ordem apresentada a seguir; todavia, enquanto uma escala não estiver sendo executada com precisão e tranqüilidade, não deveremos passar para outra;
5) estudar as escalas não significa abandonar o estudo do Pentacórdio Blues, pois um completa o outro: o Pentacórdio Blues dá força aos dedos, enquanto que o estudo das escalas é o complemento técnico, propiciando velocidade, passagem correta do polegar, entrosamento entre as duas mãos, etc.

Na primeira semana, deveremos treinar a escala de dó maior.

Nas semanas subseqüentes, continuamos com as outras tonalidades, seguindo exatamente o mesmo modelo adotado para a escala de dó maior.

QUADRO DAS ESCALAS MAIORES COM SEUS RESPECTIVOS DEDILHADOS

Nota - *md* significa mão direita e *me*, mão esquerda.

sol maior (escreva as notas com seus respectivos dedilhados)

ré maior (escreva as notas com seus respectivos dedilhados)

lá maior (escreva as notas com seus respectivos dedilhados)

movimento ascendente | movimento descendente

md: 1 2 3 1 2 3 4 | 1 2 3 1 2 3 4 | 5 4 3 2 1 3 2 | 1 4 3 2 1 3 2 | 1

movimento ascendente | movimento descendente

me: 5 4 3 2 1 3 2 | 1 4 3 2 1 3 2 | 1 2 3 1 2 3 4 | 1 2 3 1 2 3 4 | 5

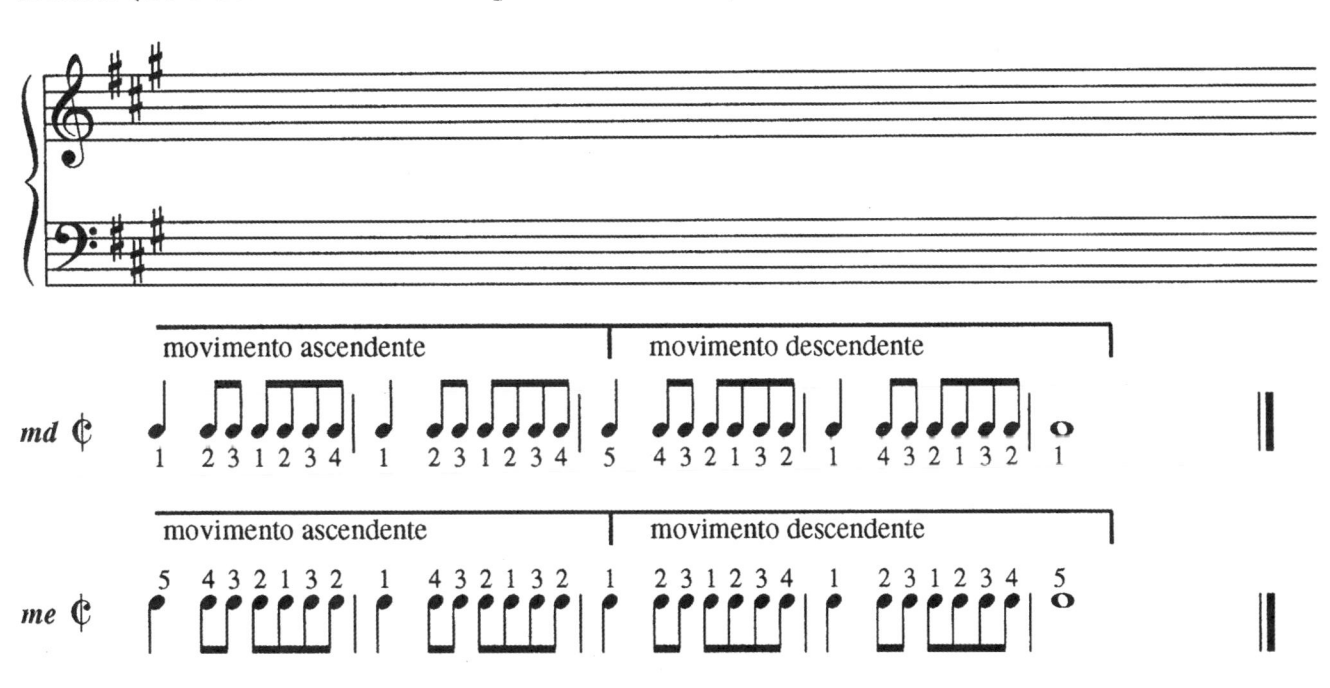

mi maior (escreva as notas com seus respectivos dedilhados)

movimento ascendente | movimento descendente

md: 1 2 3 1 2 3 4 | 1 2 3 1 2 3 4 | 5 4 3 2 1 3 2 | 1 4 3 2 1 3 2 | 1

movimento ascendente | movimento descendente

me: 5 4 3 2 1 3 2 | 1 4 3 2 1 3 2 | 1 2 3 1 2 3 4 | 1 2 3 1 2 3 4 | 5

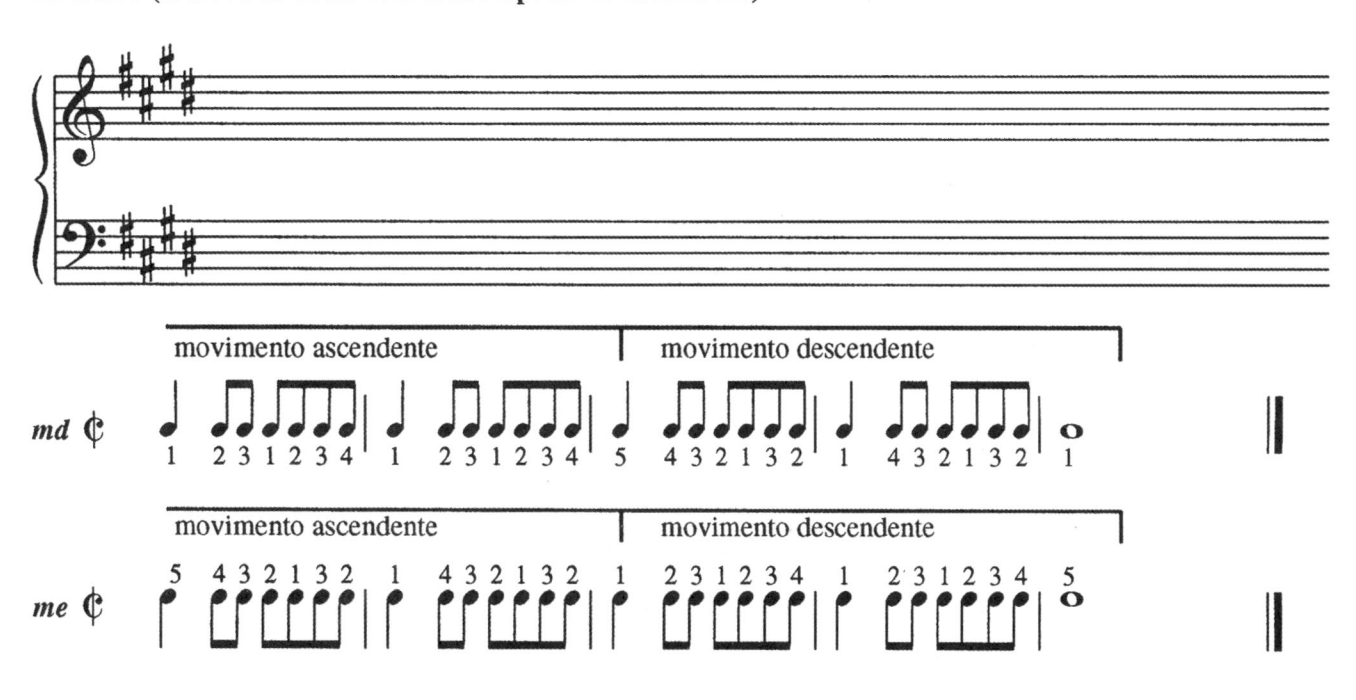

si maior (escreva as notas com seus respectivos dedilhados)

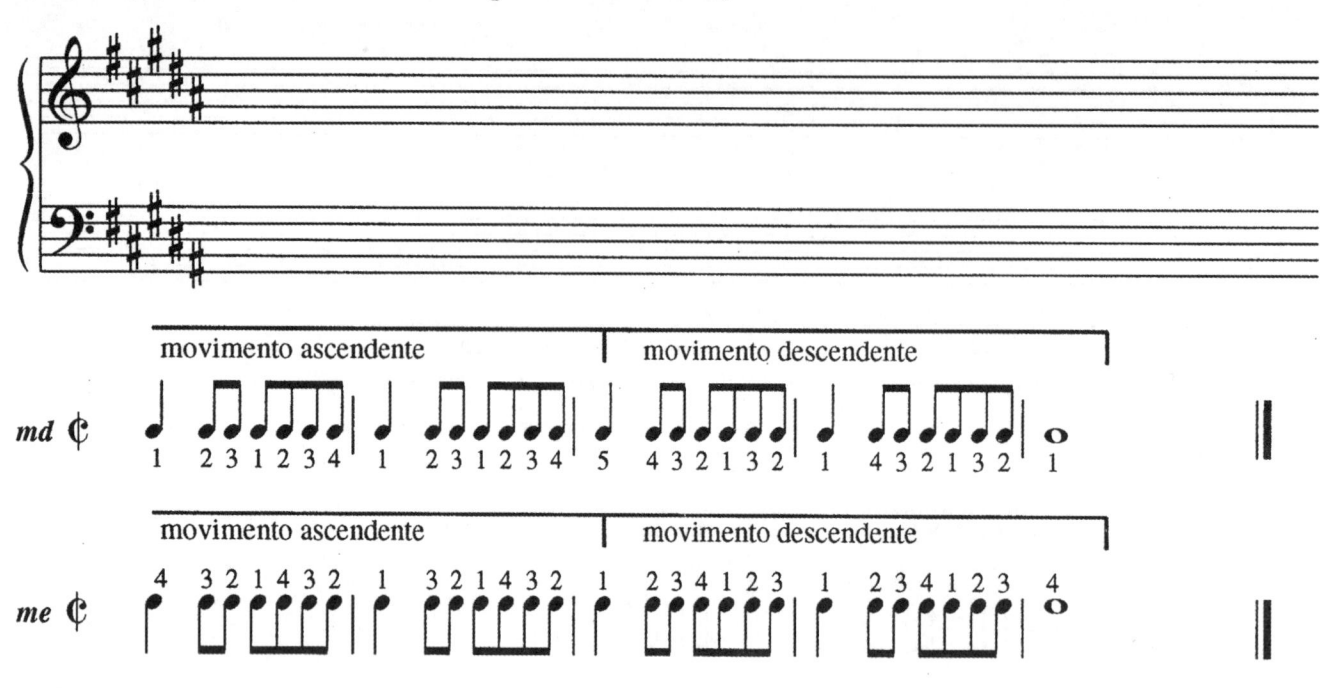

fá♯ maior (escreva as notas com seus respectivos dedilhados)

dó ♯ maior (escreva as notas com seus respectivos dedilhados)

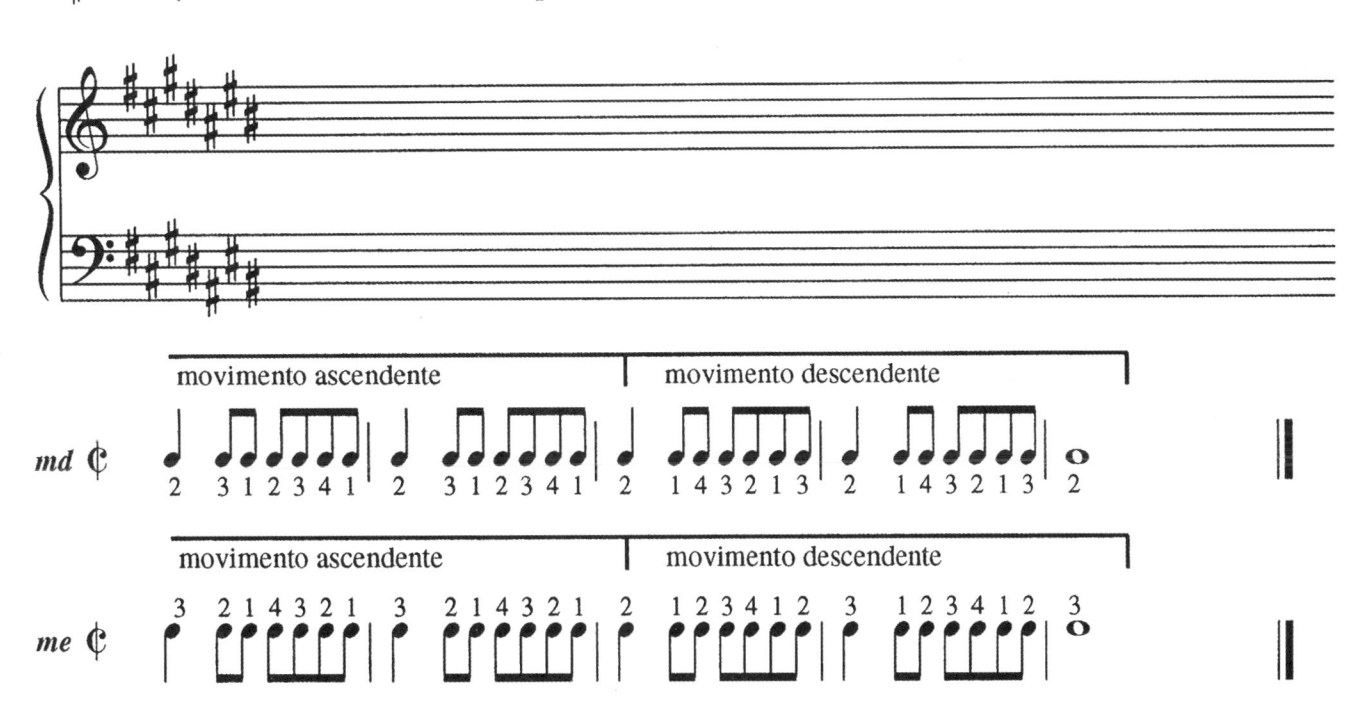

fá maior (escreva as notas com seus respectivos dedilhados)

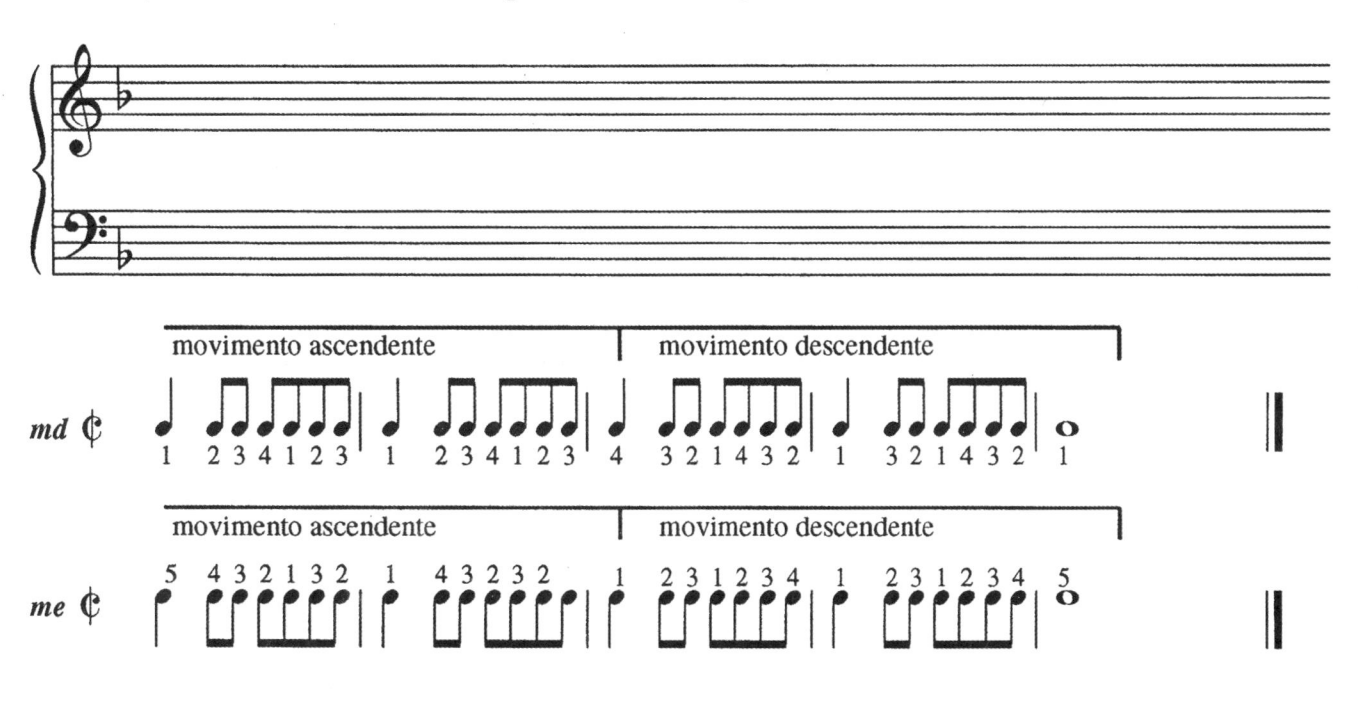

si♭ maior (escreva as notas com seus respectivos dedilhados)

md ₵ movimento ascendente | movimento descendente
2 1 2 3 1 2 3 | 4 1 2 3 1 2 3 | 4 3 2 1 3 2 1 | 4 3 2 1 3 2 1 | 2

me ₵ movimento ascendente | movimento descendente
3 2 1 4 3 2 1 | 3 2 1 4 3 2 1 | 2 1 2 3 4 1 2 | 3 1 2 3 4 1 2 | 3

mi♭ maior (escreva as notas com seus respectivos dedilhados)

md ₵ movimento ascendente | movimento descendente
2 1 2 3 4 1 2 | 3 1 2 3 4 1 2 | 3 2 1 4 3 2 1 | 3 2 1 4 3 2 1 | 2

me ₵ movimento ascendente | movimento descendente
3 2 1 4 3 2 1 | 3 2 1 4 3 2 1 | 2 1 2 3 4 1 2 | 3 1 2 3 4 1 2 | 3

lá♭ maior (escreva as notas com seus respectivos dedilhados)

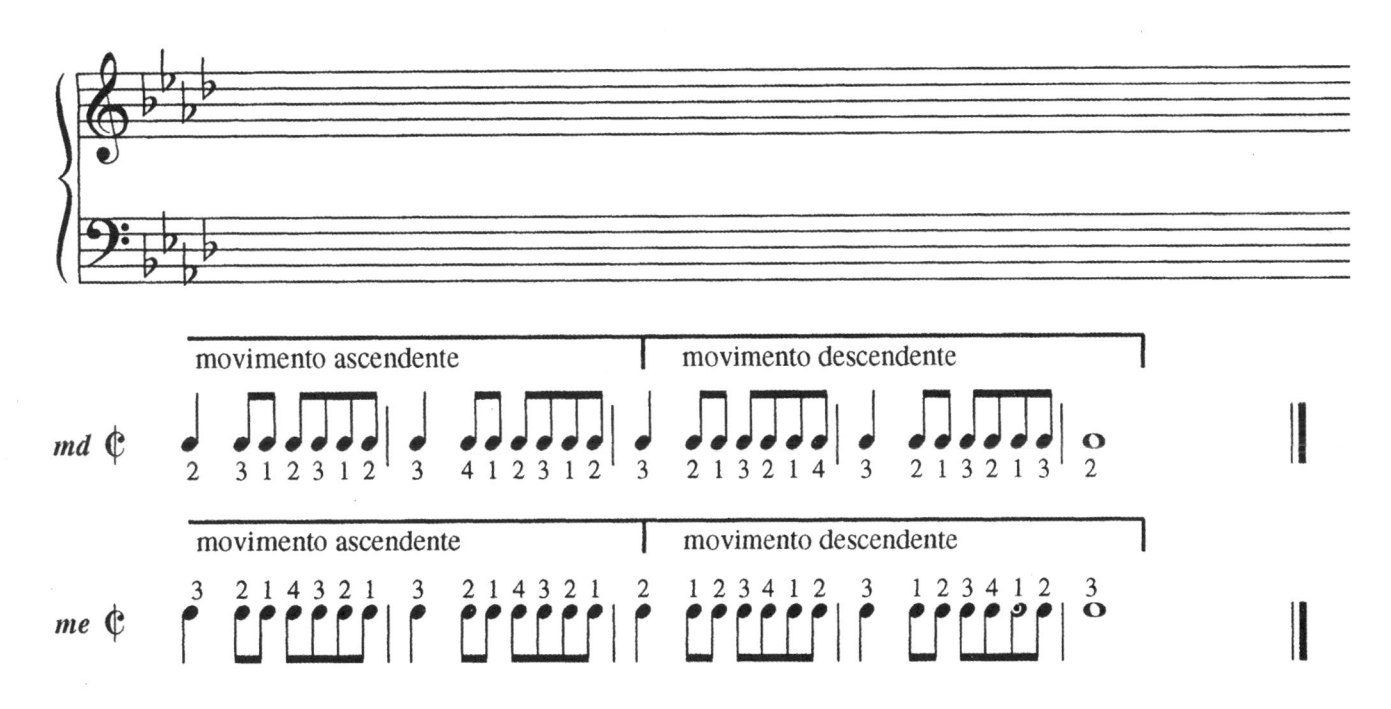

movimento ascendente | movimento descendente

md ¢ 2 3 1 2 3 1 2 3 4 1 2 3 1 2 3 2 1 3 2 1 4 3 2 1 3 2 1 3 2

me ¢ 3 2 1 4 3 2 1 3 2 1 4 3 2 1 2 1 2 3 4 1 2 3 1 2 3 4 1 2 3

ré♭ maior (escreva as notas com seus respectivos dedilhados)

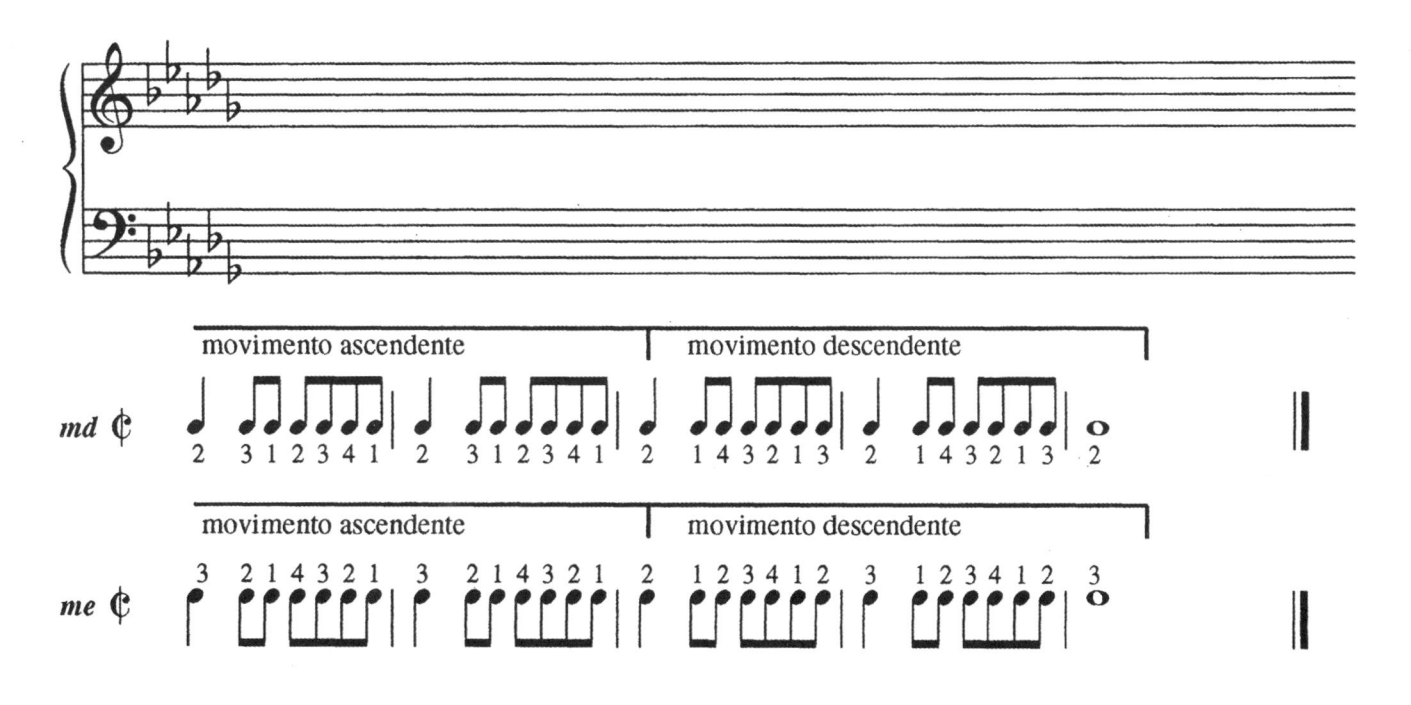

md ¢ 2 3 1 2 3 4 1 2 3 1 2 3 4 1 2 1 4 3 2 1 3 2 1 4 3 2 1 3 2

me ¢ 3 2 1 4 3 2 1 3 2 1 4 3 2 1 2 1 2 3 4 1 2 3 1 2 3 4 1 2 3

sol ♭ maior (escreva as notas com seus respectivos dedilhados)

movimento ascendente | *movimento descendente*

md ₵ 2 3 4 1 2 3 1 | 2 3 4 1 2 3 1 | 2 1 3 2 1 4 3 | 2 1 3 2 1 4 3 | 2

me ₵ 4 3 2 1 3 2 1 | 4 3 2 1 3 2 1 | 2 1 2 3 1 2 3 | 4 1 2 3 1 2 3 | 4

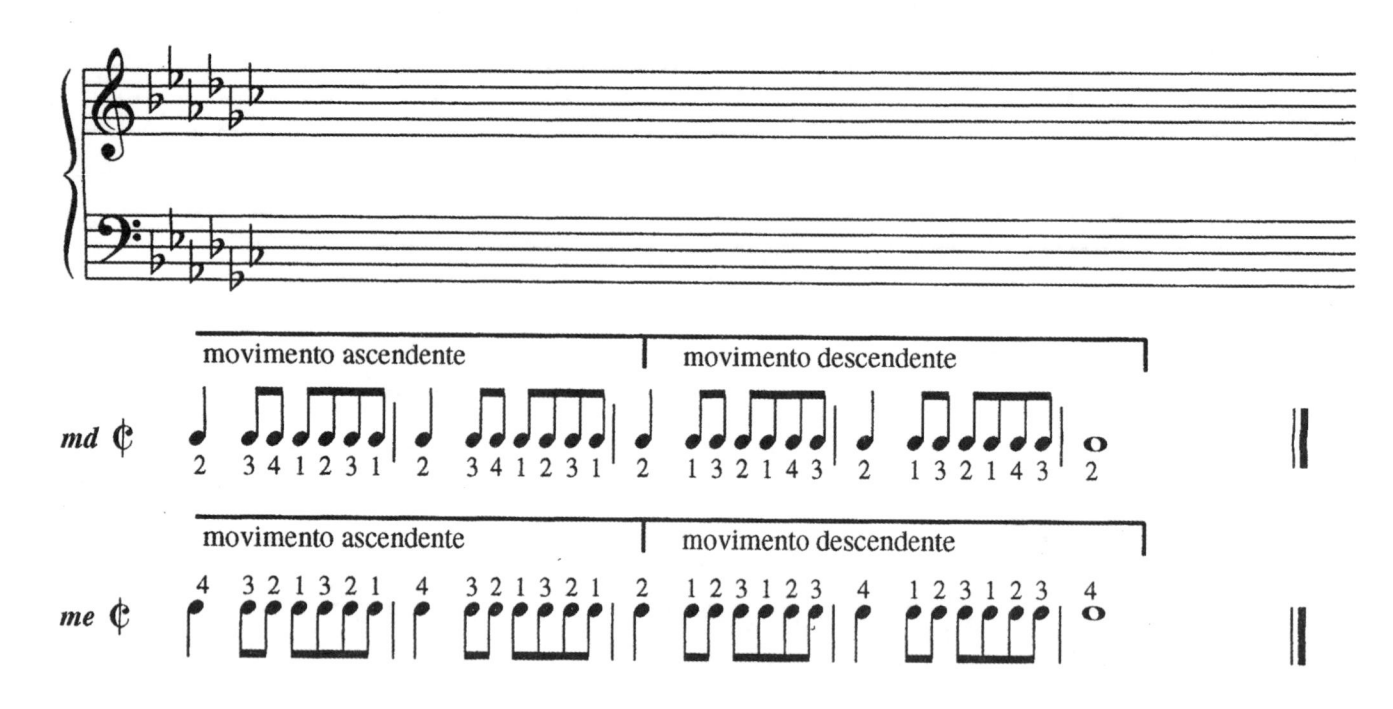

dó ♭ maior (escreva as notas com seus respectivos dedilhados)

movimento ascendente | *movimento descendente*

md ₵ 1 2 3 1 2 3 4 | 1 2 3 1 2 3 4 | 5 4 3 2 1 3 2 | 1 4 3 2 1 3 2 | 1

me ₵ 4 3 2 1 4 3 2 | 1 2 3 1 4 3 2 | 1 2 3 4 1 2 3 | 1 2 3 4 1 2 3 | 4

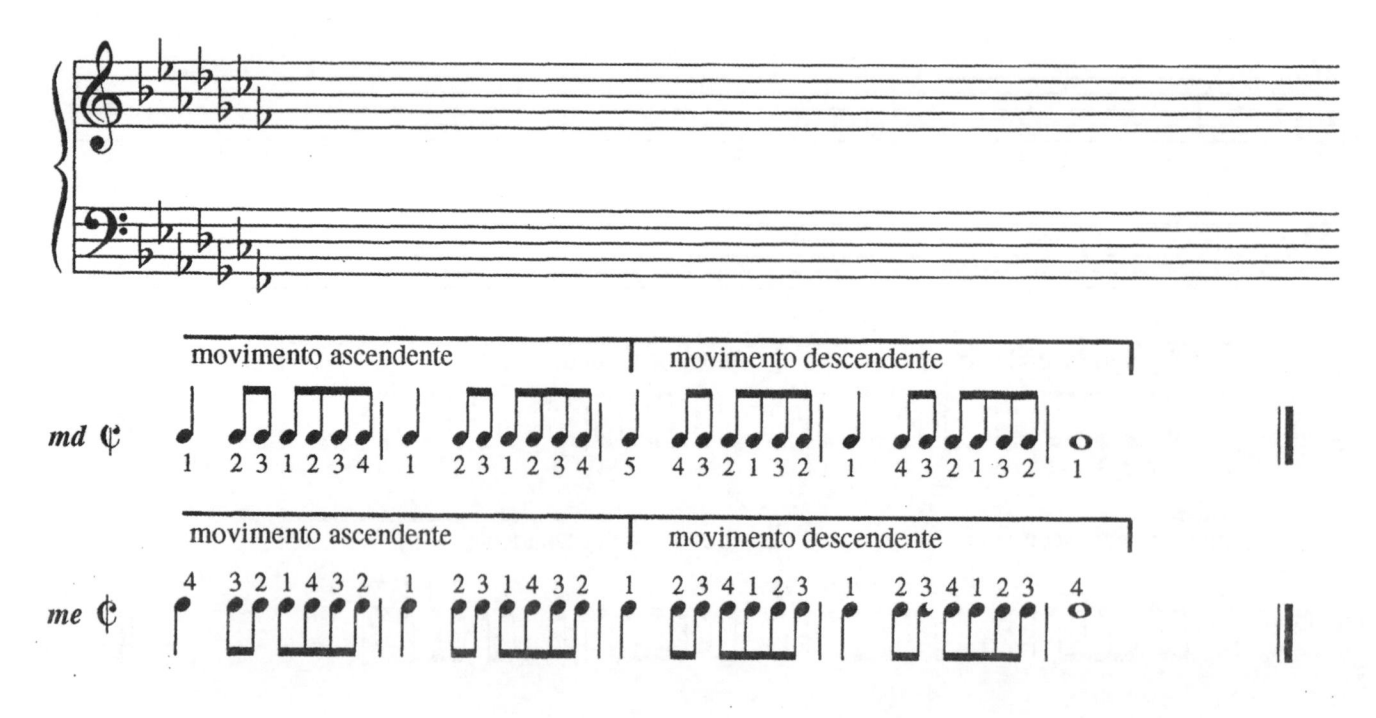

MÃO ESQUERDA TOCANDO NA CLAVE DE SOL:

Existem situações onde, para evitar excesso de linhas suplementares, optamos por outra clave: mão esquerda tocando em clave de sol e vice-versa.

SINAL INDICATIVO DE ARPEJO:

= *arpeggio* **Nota** - toda vez que encontrarmos este sinal sucedendo um acorde, tocaremos o mesmo de forma arpejada.

TELETEMA (Valswing)

Nota - interpretar como se fosse 9/8

A. Adolfo
Letra: T. Gaspar

Ritmo: Waltz

☐ Questionário nº 18

1) Quais são as metas a atingir com o estudo das escalas?
2) Podemos usar a clave de sol para a mão esquerda?
3) Podemos usar a clave de fá para a mão direita?
4) Quando ocorrem essas situações?
5) O que significa o sinal { ?

☐ Treinamento com leitura de notas

a) toque, no menor tempo possível, a seguinte seqüência de notas.

b) dizer os nomes das notas.

1)

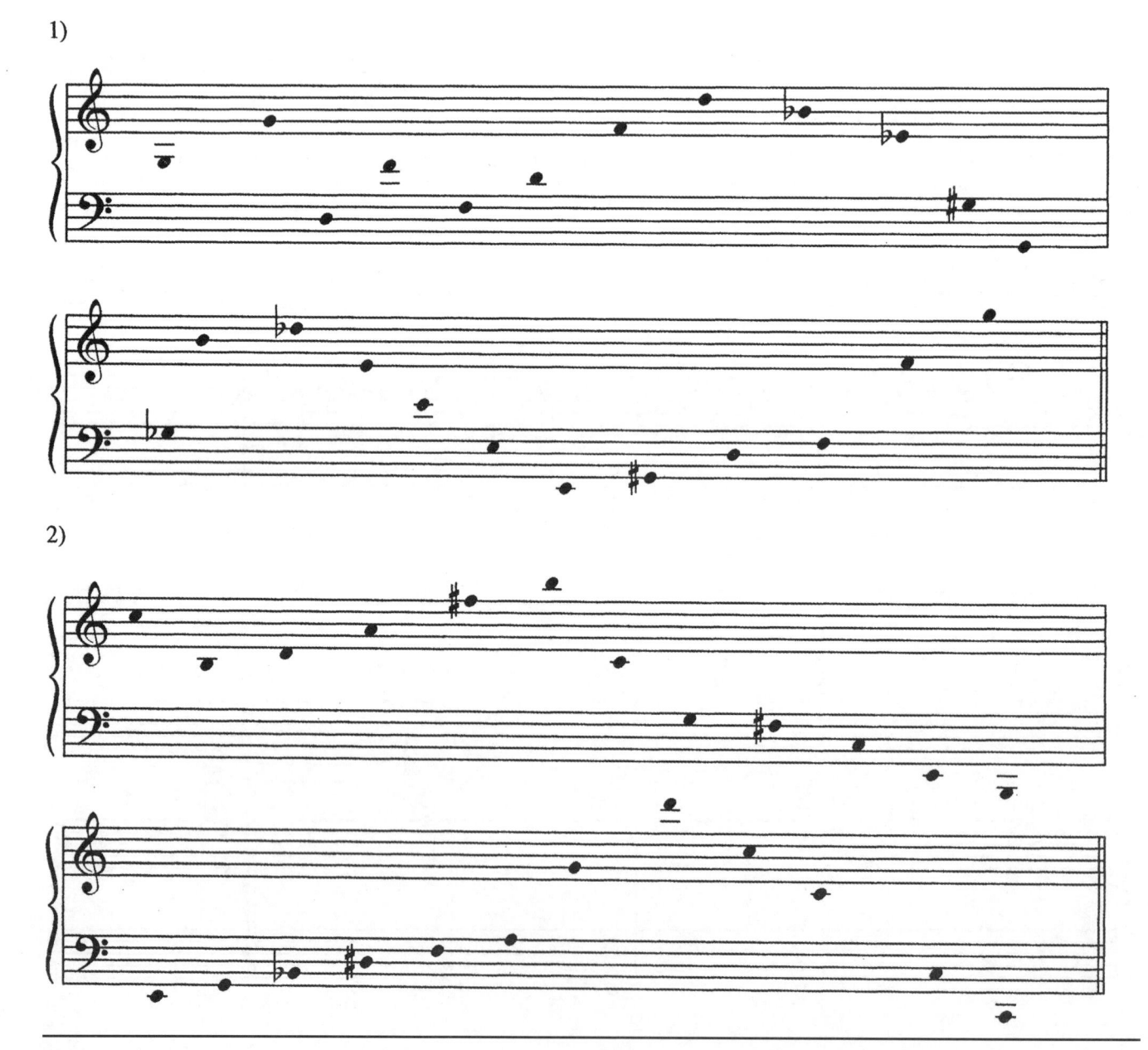

2)

□ Treinamento com criação rítmica

Para cada exemplo com oito compassos, invente ritmos que você consiga ler.

Tente ser coerente, criativo e musical.

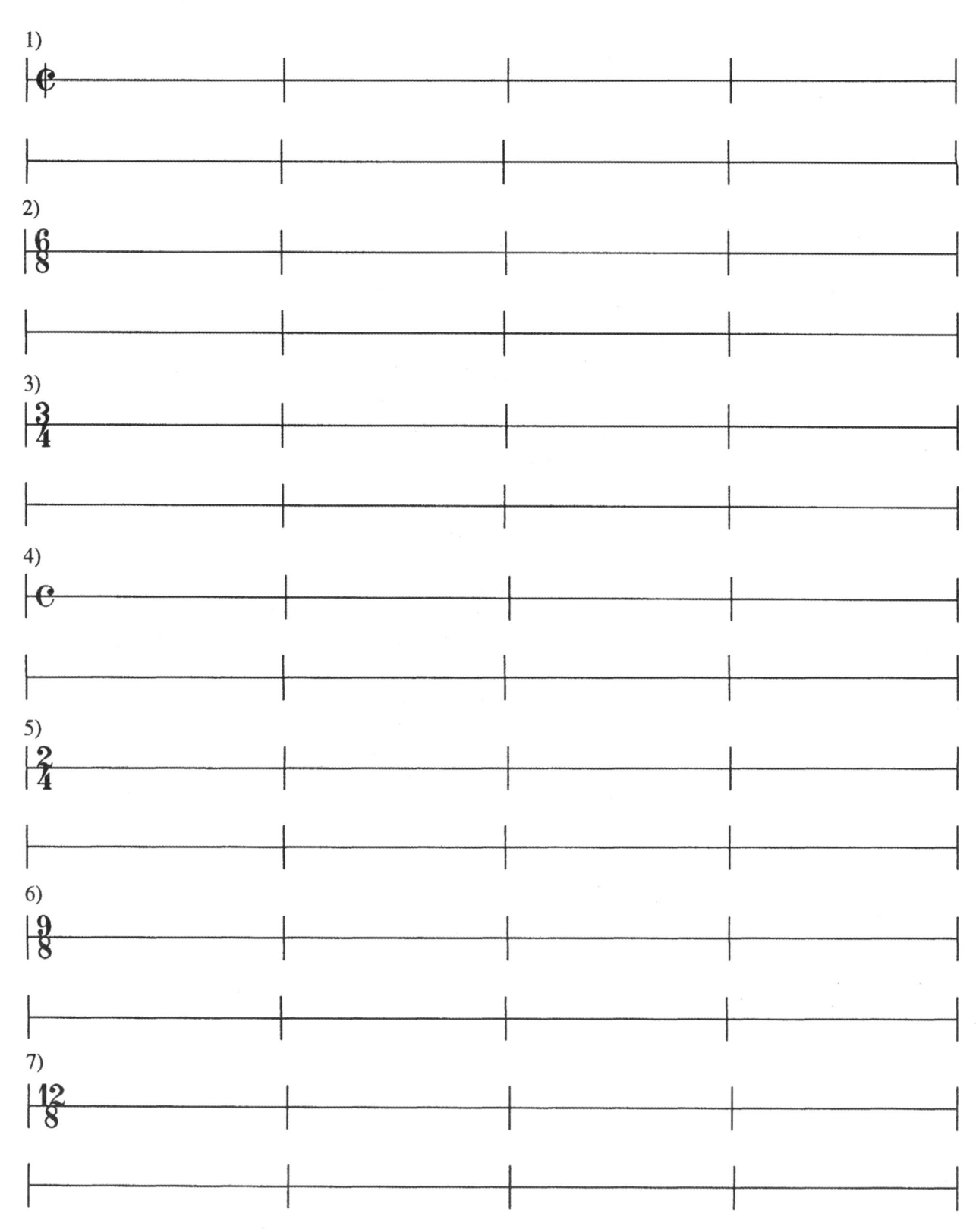

1) $\mathbf{C}$ (tempo cortado)

2) $6/8$

3) $3/4$

4) $\mathbf{C}$ (tempo cortado)

5) $2/4$

6) $9/8$

7) $12/8$

TRÍADE COM QUARTA

Para obtermos uma tríade com quarta, basta substituirmos a terça maior por uma quarta justa.

A terça maior é a terceira nota de um pentacórdio maior e a quarta justa, a quarta nota:

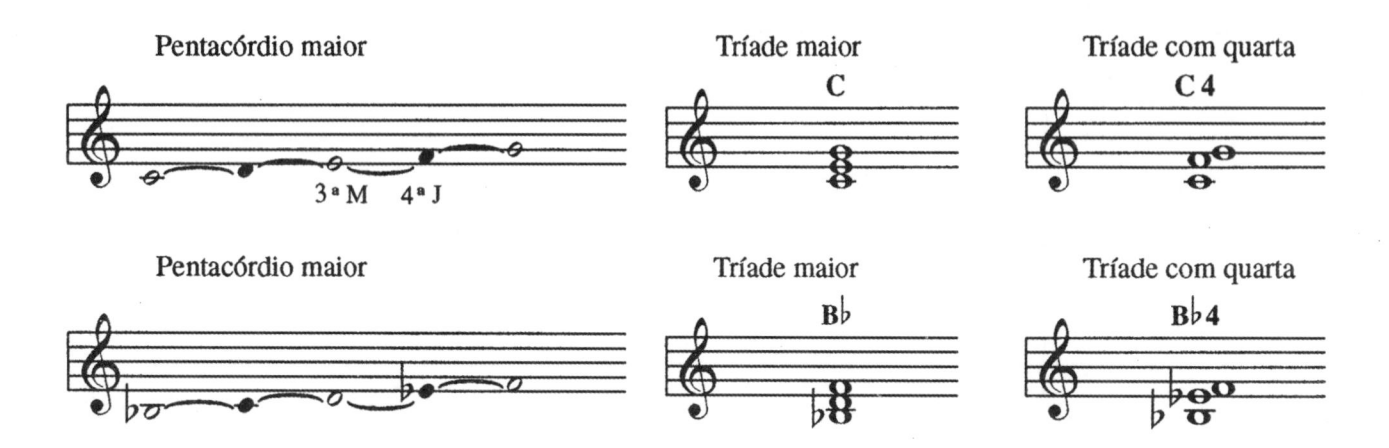

Pentacórdio maior — 3ªM 4ªJ

Tríade maior — C

Tríade com quarta — C 4

Pentacórdio maior

Tríade maior — B♭

Tríade com quarta — B♭4

A tríade com quarta é muito usada em música popular. Seu uso é muito eficiente como preparação (de uma parte para a outra de uma música), ou então quando a melodia passa por quarta justa.

Forme as seguintes tríades com quarta (atenção à clave!):

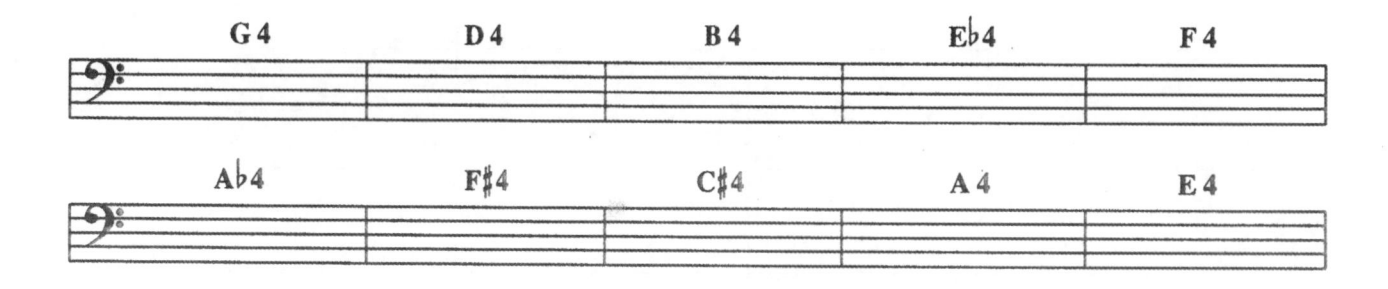

G 4   D 4   B 4   E♭4   F 4

A♭4   F♯4   C♯4   A 4   E 4

Podemos usar a tríade com quarta sempre que encontrarmos as seguintes cifragens:

$\frac{7}{4}$ 7sus   7sus(9)   7(11)

Desse modo, se encontrarmos um acorde cifrado **C7sus**, por exemplo, simplesmente tocamos **C4**.

SINAIS DE INDICAÇÃO DE ROTEIRO:

𝄋   *segno* (sinal do S)

⊕   *coda* (final)

O sinal 𝄋 determina o ponto exato de onde a música deve recomeçar.

O sinal ⊕ determina o ponto exato do salto.

Ou seja: começamos a música e tocamos até o ponto onde está escrito: Ao 𝄋 e ⊕

Voltamos ao ponto onde está o sinal 𝄋, continuamos tocando até encontrarmos o sinal ⊕, saltamos até o outro ⊕ e continuamos a música até o final.

Nota - num compasso ₵, quando encontramos dois acordes no mesmo compasso, cada um valerá dois tempos.

ANOS DOURADOS

Tom Jobim e Chico Buarque
Arranjo: A. Adolfo

☐ Exercício teórico

1) Identifique as seguintes tríades (dizer de que tipo são, cifrando-as):

Atenção às diferentes claves!

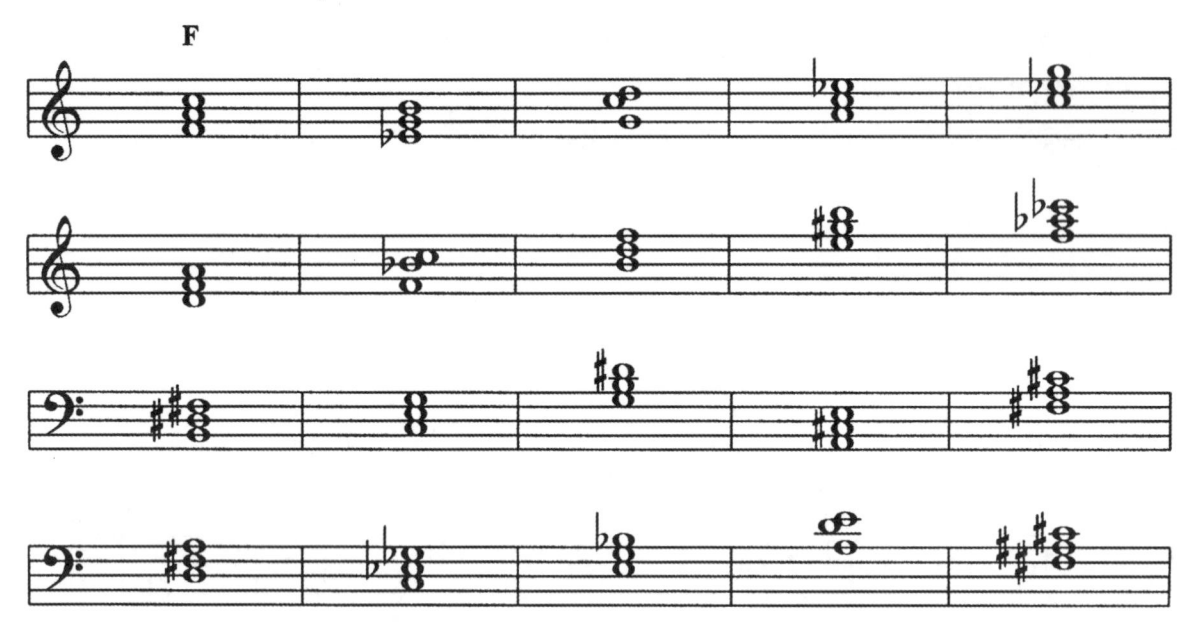

2) Dizer como os seguintes acordes deverão ser interpretados como tríades:

Nota - escrever e tocar as tríades.

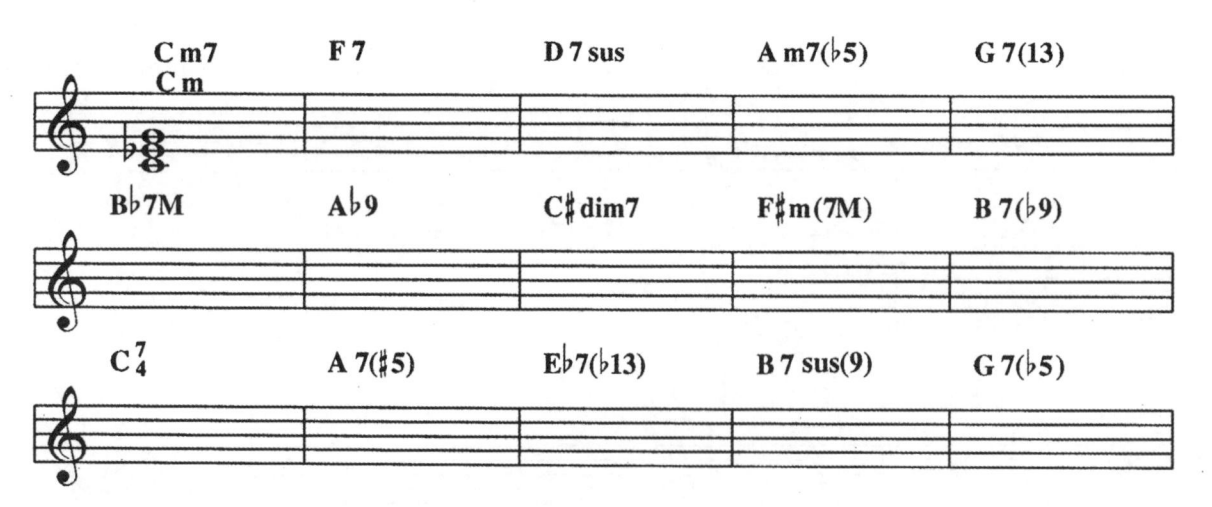

| C m7 | F 7 | D 7 sus | A m7(♭5) | G 7(13) |
| C m | | | | |

| B♭7M | A♭9 | C♯dim7 | F♯m(7M) | B 7(♭9) |

| C 7/4 | A 7(♯5) | E♭7(♭13) | B 7 sus(9) | G 7(♭5) |

☐ Questionário nº 19

1) Como formamos uma tríade com quarta?

2) Enumere as situações onde o uso da tríade com quarta é muito eficiente.

3) Quais cifragens poderão ser interpretadas como tríade com quarta?

4) Para que serve o sinal 𝄋 ?

5) Para que serve o sinal 𝄌 ?

SEMICOLCHEIA

A semicolcheia é a figura que tem metade do valor da colcheia.

É representada das seguintes maneiras:

♬ isolada (menos usada)

♬ agrupada em duas

♬ agrupada em quatro

♬ agrupada com colcheia intermediária

♬ agrupada com colcheia posterior

♬ agrupada com colcheia anterior

♬ agrupada com quiálteras (menos usada)

𝄿 pausa

Quadro comparativo do valor das figuras e pausas

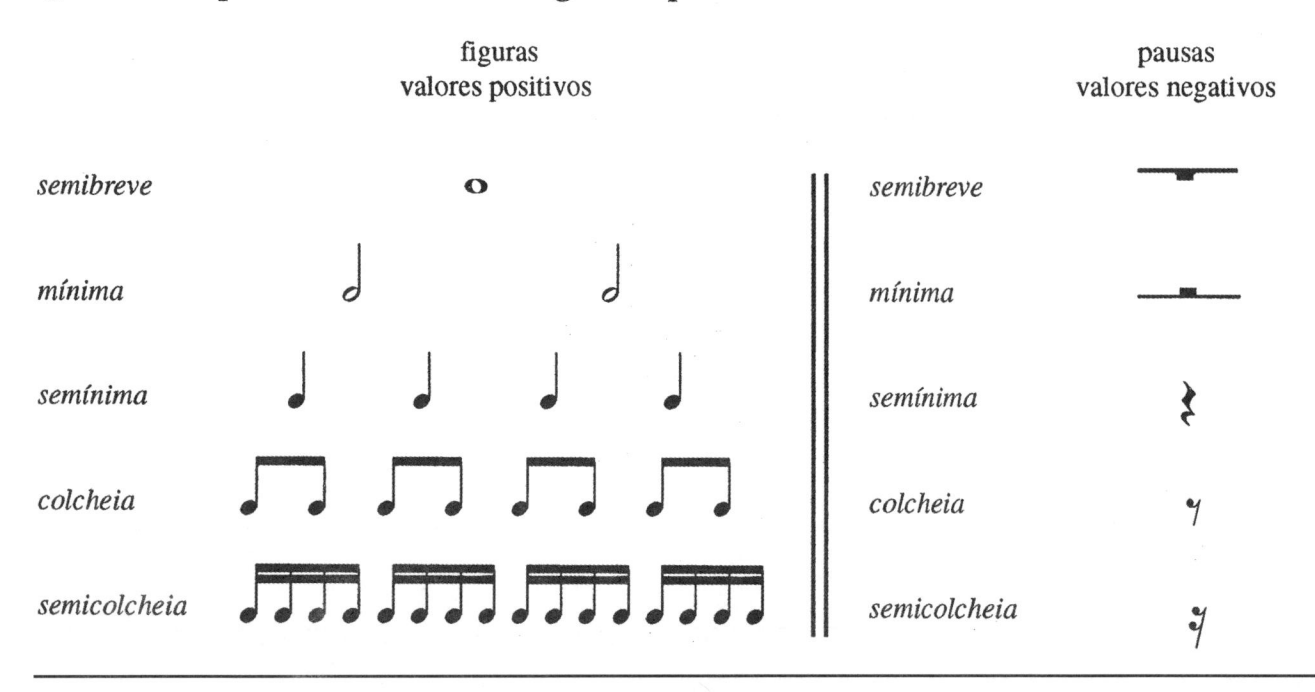

figuras valores positivos		pausas valores negativos
semibreve o	semibreve	𝄽
mínima ♩ ♩	mínima	𝄼
semínima ♩ ♩ ♩ ♩	semínima	𝄽
colcheia ♫ ♫ ♫ ♫	colcheia	𝄾
semicolcheia ♬ ♬ ♬ ♬	semicolcheia	𝄿

Relação colcheia/semicolcheia

Dependendo do denominador, colcheias e semicolcheias têm o mesmo valor, ou seja, num compasso ¢, que é também conhecido como $\frac{2}{2}$ (já falamos anteriormente), uma colcheia tem o mesmo valor de uma semicolcheia num compasso $\frac{2}{4}$, ou seja, 1/4 de um tempo (batida de tempo).

□ Prática rítmica

Transforme para $\frac{2}{4}$ e depois leia em ¢ e em $\frac{2}{4}$ os seguintes ritmos:

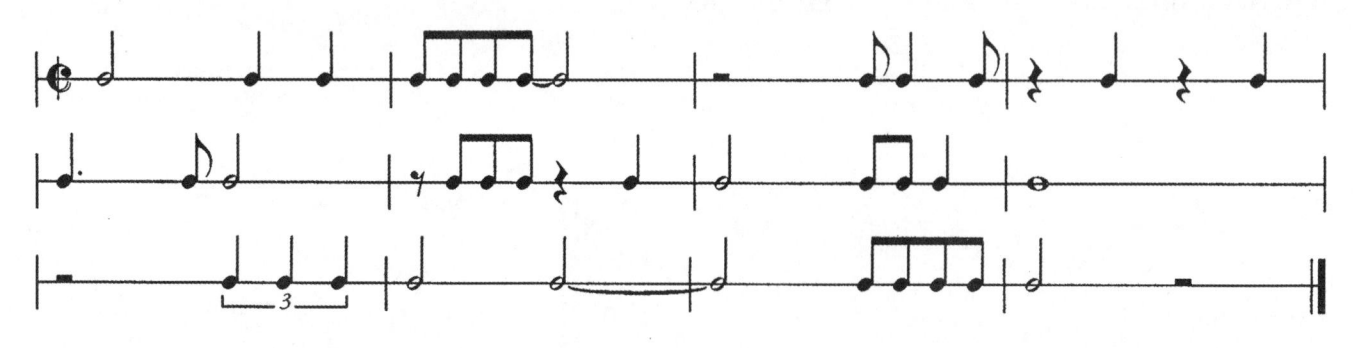

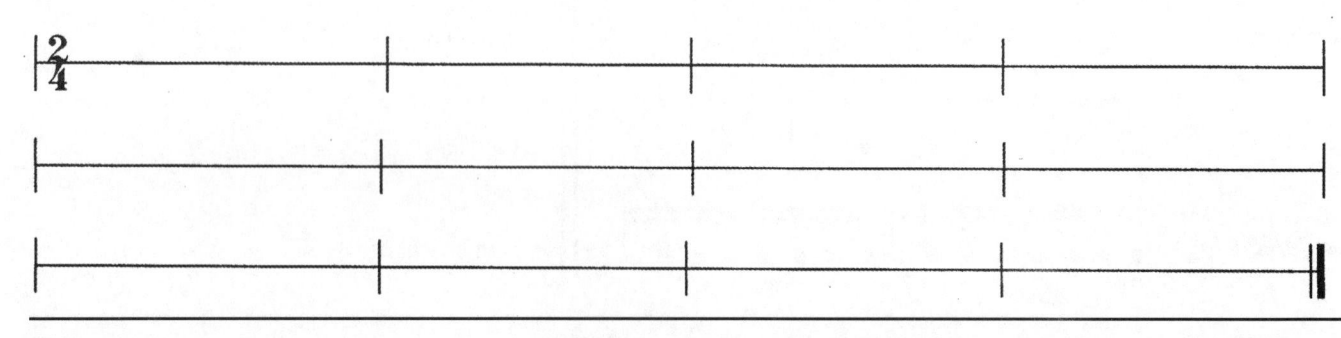

Como podemos notar, é muito freqüente o aparecimento de semicolcheias em $\frac{2}{4}$.

Entretanto, as semicolcheias aparecem constantemente no compasso $\mathbf{C}$ ou $\frac{4}{4}$, seja através de uma soma de dois compassos $\frac{2}{4}$, ou, ainda mais raramente, no próprio compasso $\frac{4}{4}$.

Exemplo com contagem 2+2:

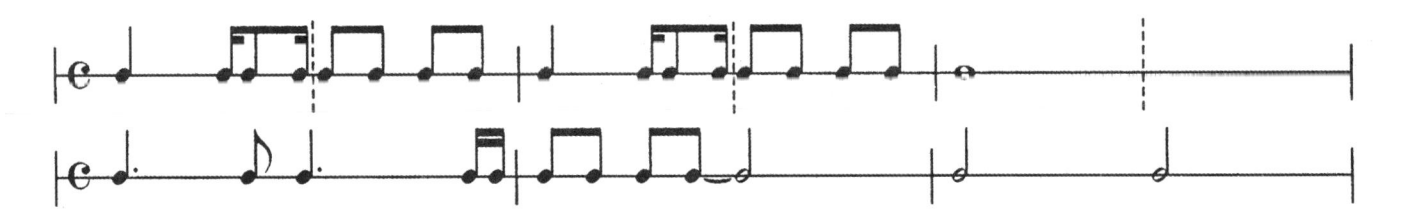

☐ Questionário nº 20

1) Quanto vale a semicolcheia em relação à colcheia?

2) Quanto vale a semicolcheia em relação à semínima?

3) Explique a relação colcheia/semicolcheia e a relação compasso 2/2 e 2/4.

□ **Treinamento adicional com leitura rítmica:**

Nota - Para os exemplos em ¢, ler também usando a forma *shuffle*. Ler em C o que estiver em ¢ e vice-versa.

8)

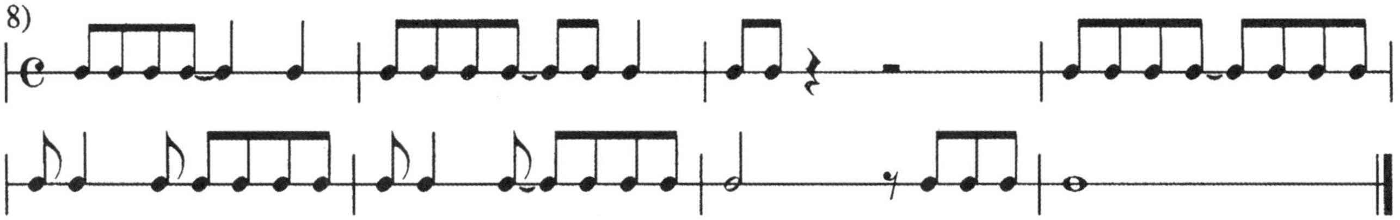

9)

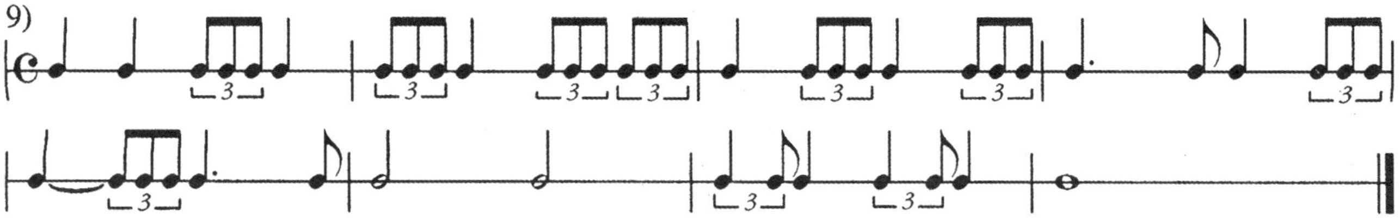

10)

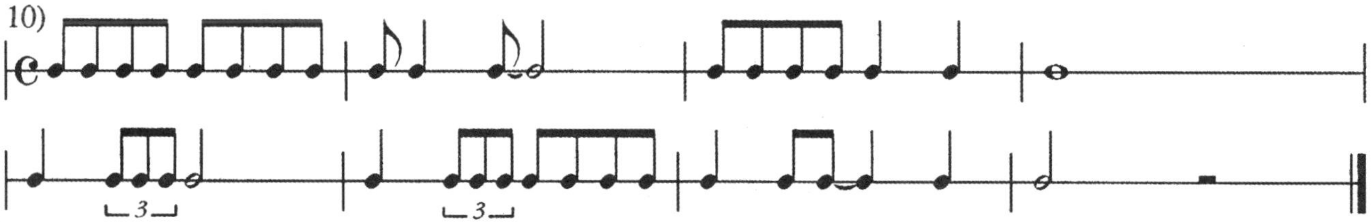

11)

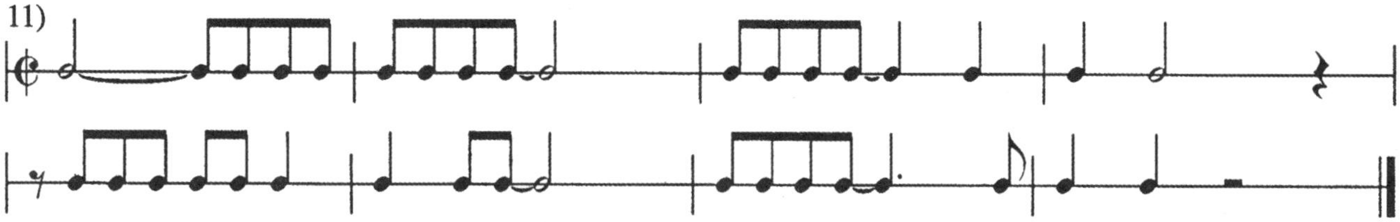

12)

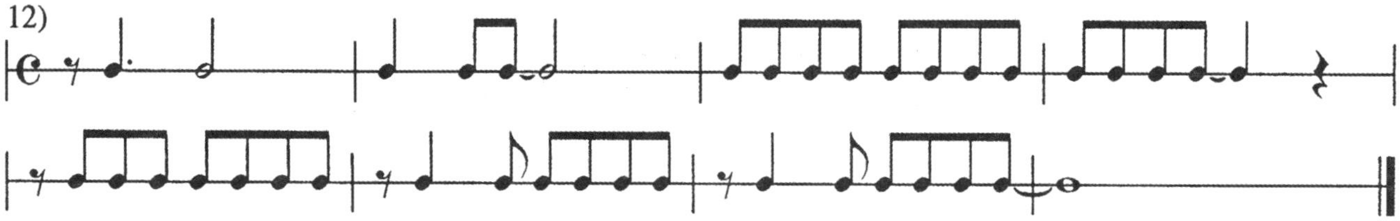

13)

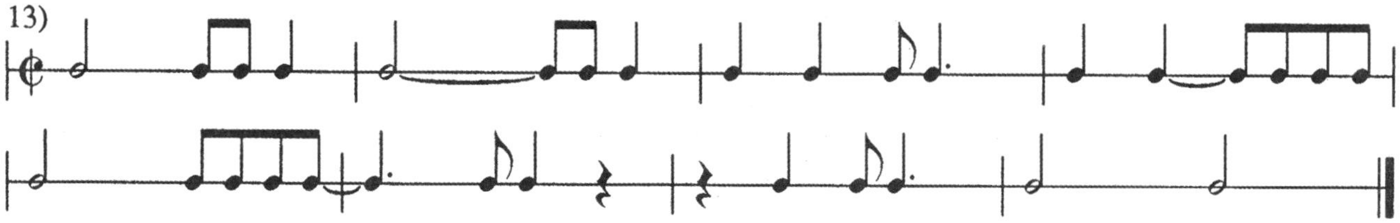

14)

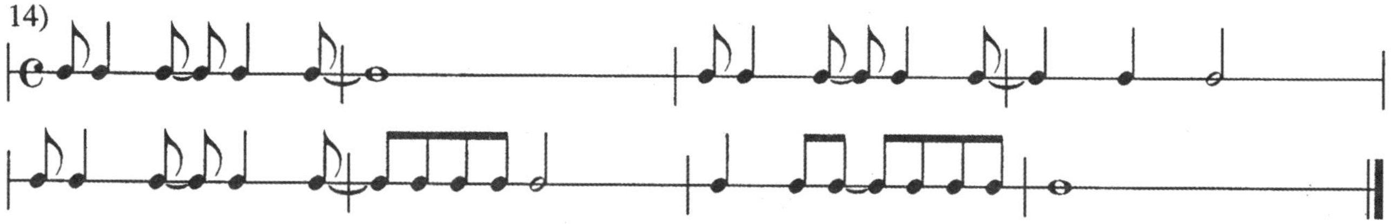

15)

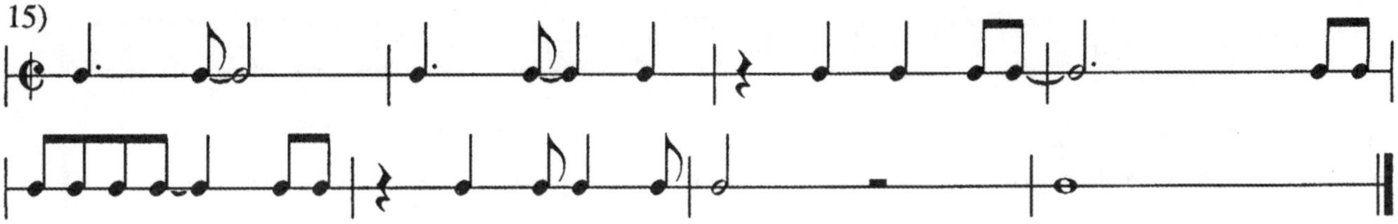

16)

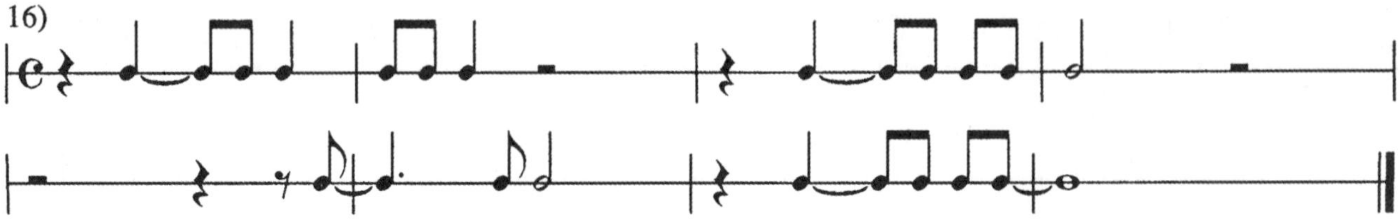

17)

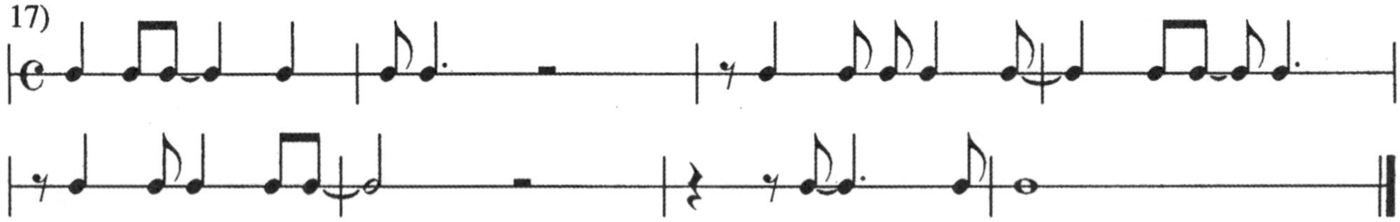

18)

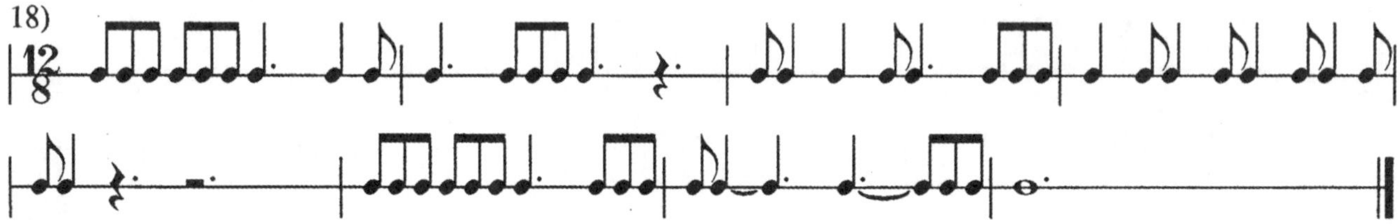

19)

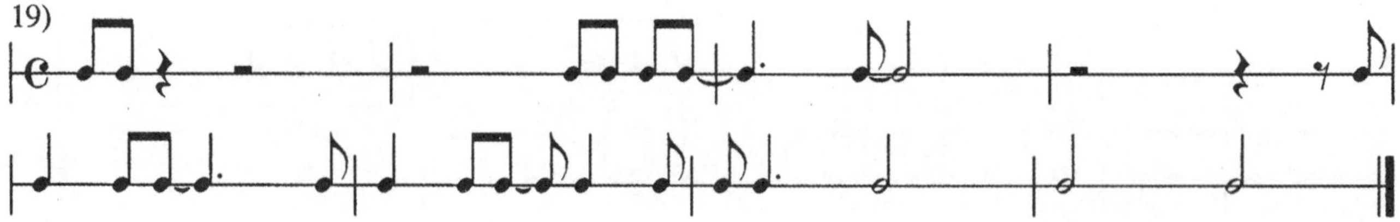

20)

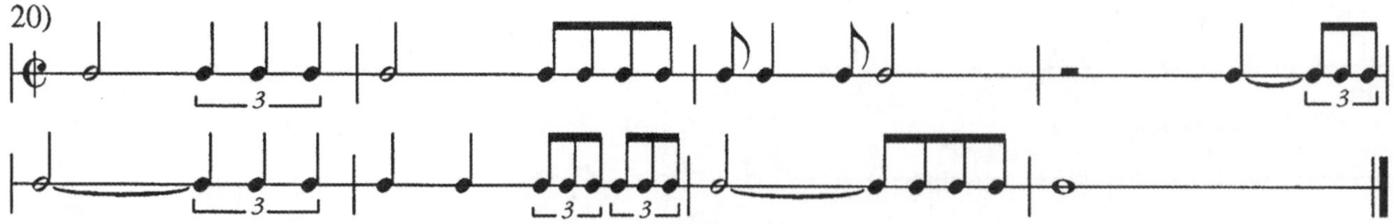

21)

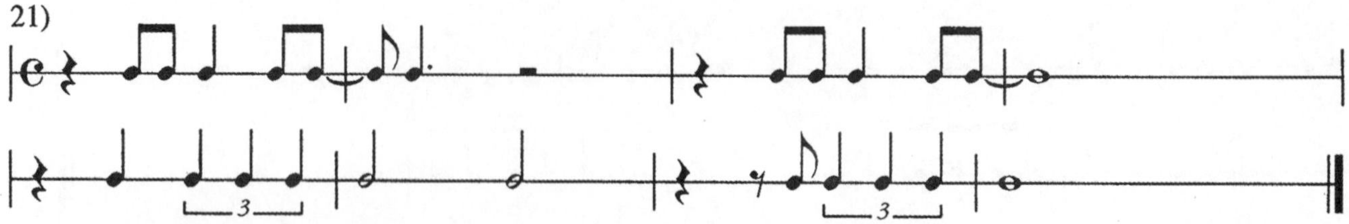

Piano e Teclado

☐ **Treinamento adicional**

Transforme os exemplos escritos em 2/4 para ¢ e vice-versa. Depois, toque-os.

29)

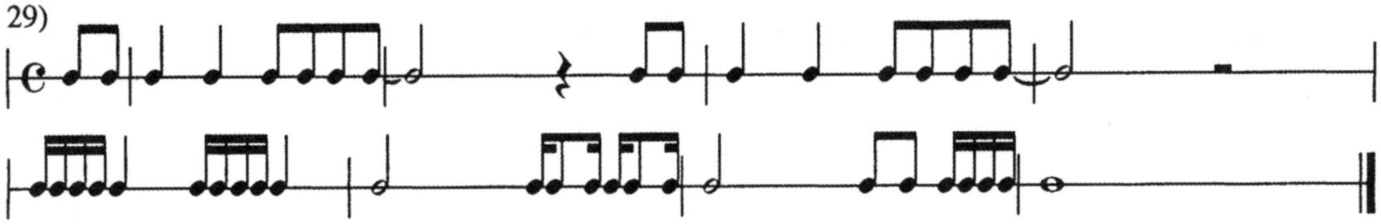

30)

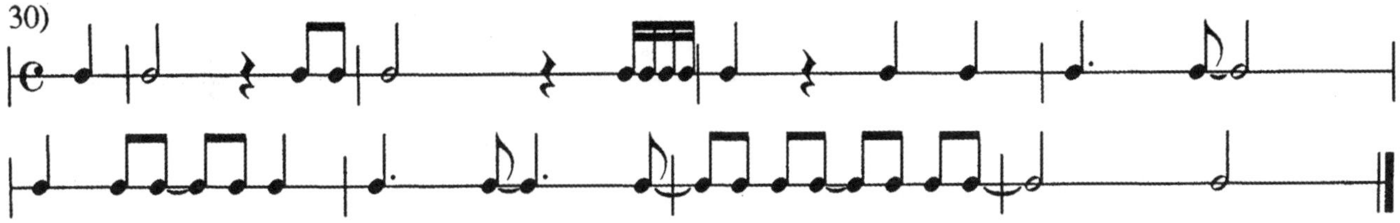

31)

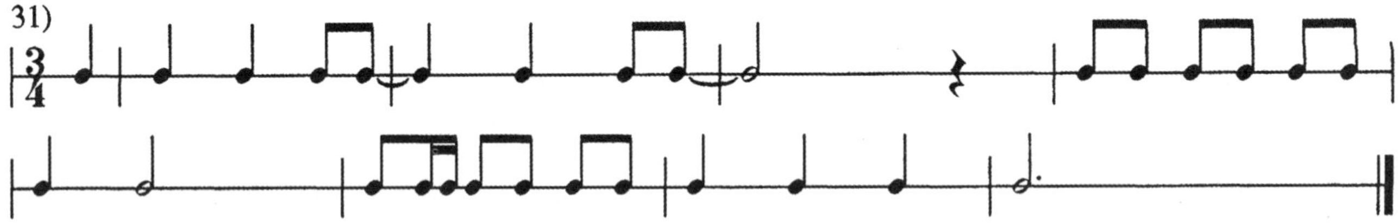

32)

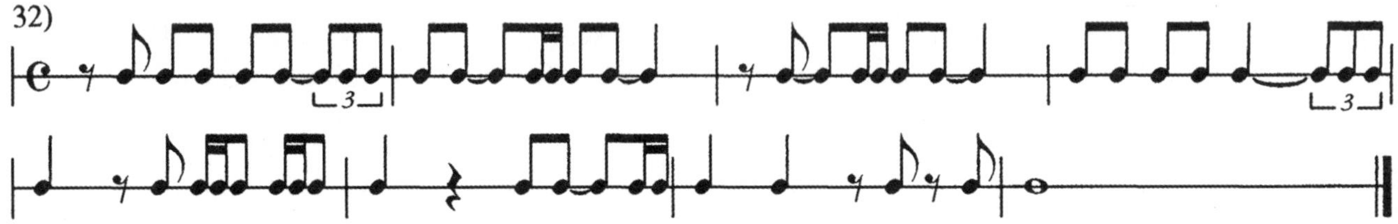

33)

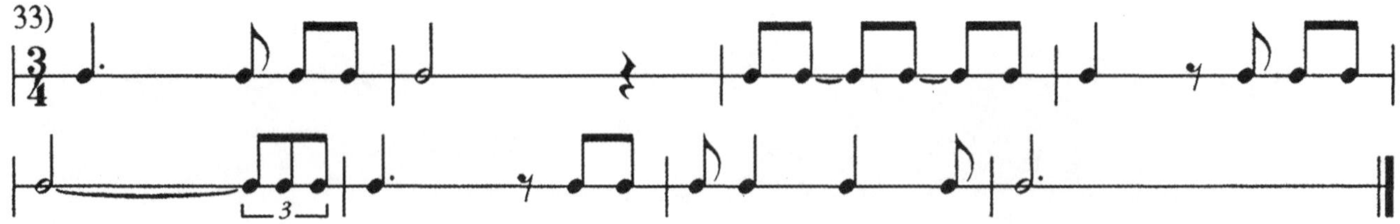

34)

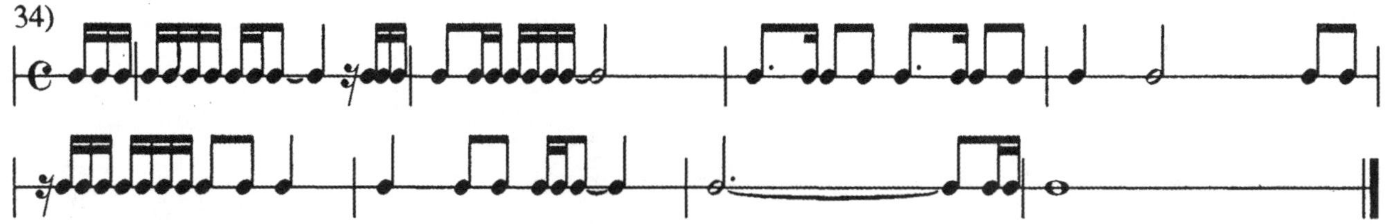

35)

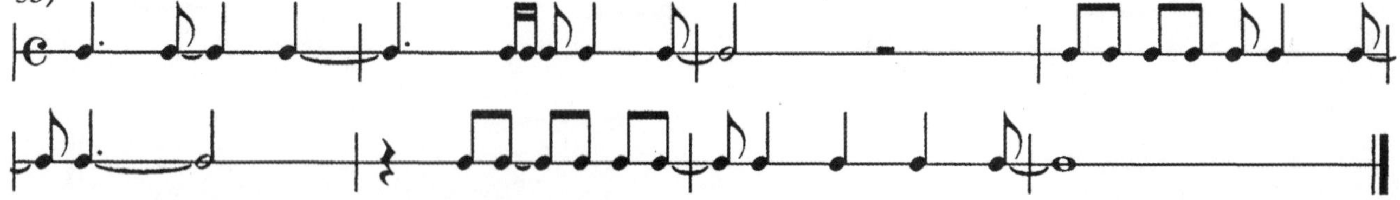

TRÍADES (INVERSÕES)

Para invertermos uma tríade basta projetarmos a nota mais grave para a oitava acima.

Uma tríade pode estar em três posições: posição fundamental, primeira inversão ou segunda inversão:

(posição fundamental)　　　　　(primeira inversão)　　　　　(segunda inversão)

Quando tocada pela mão esquerda, uma tríade invertida pode também ser considerada como "tríade com baixo trocado". Portanto, um acorde C (primeira inversão) pode também ser cifrado C/E (dó maior com baixo *mi*), um acorde C/G pode ser interpretado como C na segunda inversão.

Inversões são úteis também para encadearmos acordes. Por exemplo:

No exemplo acima a inversão do segundo acorde facilita a execução deste, pois evitamos dessa maneira o salto. No entanto, teremos de ter cuidado para não tocarmos acordes em posição fechada em registro muito grave:

C (evitável)

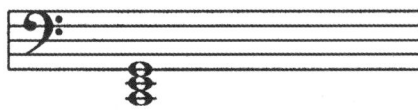

□ Exercício teórico: treinamento com inversões de tríades

Tocar, com a mão esquerda, nas três posições (fundamental, primeira inversão e segunda inversão), as seguintes tríades:

Maiores	Menores	Aumentadas	Diminutas
C	Cm	Caum	Cdim
D	Dm	Daum	Ddim
E	Em	Eaum	Edim
F	Fm	Faum	Fdim
G	Gm	Gaum	Gdim
A	Am	Aaum	Adim
B	Bm	Baum	Bdim
B♭	B♭m	B♭aum	B♭dim
E♭	E♭m	E♭aum	E♭dim
A♭	A♭m	A♭aum	A♭dim
F♯	F♯m	F♯aum	F♯dim
C♯	C♯m	C♯aum	C♯dim

DIA DE PAZ

A. Adolfo
Letra: J. Mautner

Ritmo: Rock

* Inverter o segundo acorde:

Para a música que apresentaremos a seguir, a mão esquerda deverá acompanhar os acentos da melodia:

NEONS

A. Adolfo
Letra: X. Chaves

Ritmo : Rock (lento)

REPERTÓRIO ADICIONAL PARA SER LIDO NAS DUAS CLAVES: *Minuetos de Bach*; albuns variados de Blues e Jazz de leitura entre fácil e intermediária; algumas peças de compositores eruditos como; Debussy, Ravel, Beethoven, etc..., Czerny, Hanon ou Beringer (como repertório técnico); choros de Ernesto Nazareth e outros,... Tudo dependerá das necessidades e características de cada aluno.

RELAÇÃO DAS OBRAS MUSICAIS POPULARES INSERIDAS NESTE LIVRO E RESPECTIVOS TITULARES

Acalanto: Edições Euterpe Ltda.

Águas de março: Jobim Music Ltda.

Anos dourados: Jobim Music Ltda
                Marola Edições Musicais Ltda.

Asa branca: Rio Musical Ltda.
           (Adm. Ed. e Imp. Musical Fermata do Brasil Ltda.)

Assum preto: Rio Musical Ltda.
           (Adm. Ed. e Imp. Musical Fermata do Brasil Ltda.)

Canto do povo de um lugar: Guilherme Araujo Produções Artísticas Ltda.
                       (Adm. Warner/Chappell Edições Musicais Ltda)

Garota de Ipanema: Jobim Music Ltda.
                 Tonga Editora Musical Ltda.

Shy moon: Guilherme Araujo Produções Artísticas Ltda.
          (Adm. Warner/Chappell Edições Musicais Ltda)

Parabéns a você: Summy Birchard Music
                Direitos cedidos para o Brasil à Warner Chappell Edições Musicais Ltda.

Todos os direitos reservados

As músicas inseridas neste livro foram autorizadas graciosamente pelos autores e editoras por tratar-se de obra didática.